INHALT

> SZENE

S. 12–15: Trends, Entdeckungen, Hotspots! Was wann wo im Allgäu los ist, verrät der MARCO POLO Szeneautor vor Ort

> 24 STUNDEN

S. 100/101: Action pur und einmalige Erlebnisse in 24 Stunden! MARCO POLO hat für Sie einen außergewöhnlichen Tag im Allgäu zusammengestellt

> LOW BUDGET

Viel erleben für wenig Geld! Wo Sie zu kleinen Preisen etwas Besonderes genießen und tolle Schnäppchen machen können:

Das ist ja der Hammer! S. 34 | Kletterspaß für die ganze Familie S. 59 | Der ganze Sternenhimmel für nur 3 Euro S. 72 | Land Art: Kunstwerke in der freien Natur S. 87 | Kostenlose Abkühlung S. 94

> GUT ZU WISSEN

Was war wann? S. 10 | Bücher & Filme S. 21 | Spezialitäten S. 26 | Blogs & Podcasts S. 74 | Fasnet im Allgäu S. 82 | www.marcopolo.de S. 110 | Was kostet wie viel? S. 111 | Wetter in Oberstdorf S. 113

AUF DEM TITEL
Wandern auf dem Heilbronner Weg S. 51 Bio-Wellness in Oberstdorf S. 13

ENTDECKEN SIE DAS ALLGÄU!

Unsere Top 15 führen Sie an die traumhaftesten Orte und zu den spannendsten Sehenswürdigkeiten

Die Highlights sind in der Karte auf dem hinteren Umschlag eingetragen

1 Viehscheid
Bekränzte Kühe führen die Herden im September allerorts von den Alpweiden ins Tal (Seite 23)

2 Kasspatzen
Die regionale Leib- und Magenspeise, sozusagen das Nationalgericht der Allgäuer, müssen Sie gekostet haben (Seite 26)

3 Allgäu-Museum
In Kempten farbenprächtige Beispiele aus der Alltagsgeschichte ansehen (Seite 40)

4 Breitachklamm
Auf Stegen durch die Schlucht spazierend: eine atemraubende geologische Schulstunde in freier Natur (Seite 48)

5 Bergbahnen
Die Seilbahnfahrt auf Nebelhorn und Fellhorn ist ein Highlight jedes Allgäuurlaubs (Seite 51)

6 Heilbronner Weg
Deutschlands schönster Höhenweg mit phantastischen Ausblicken – aber bitte nur mit alpiner Erfahrung begehen! (Seite 51)

7 Scheidegg
2000 Sonnenstunden genießt der Panoramaort auf dem Bergrücken des Pfänders (Seite 62)

8 Automobilmuseum
In Wolfegg schöne alte Benzinkutschen, aufregend für die ganze Familie (Seite 66)

MARCO ● POLO

ALLGÄU

Reisen mit Insider Tipps

> Was ich am Allgäu schätze, ist die
> enorme Vielfalt. Einerseits kann man
> städtische Atmosphäre genießen,
> andererseits findet man an vielen
> Orten eine intakte Landschaft. Das
> Sport- und Freizeitangebot ist riesig
> und attraktiv.
>
> *MARCO POLO Korrespondent*
> *Freddy Schissler*
> (siehe S. 135)

Spezielle News, Lesermeinungen und Angebote zu Allgäu:
www.marcopolo.de/allgaeu

ALLGÄU

Immen-
stadt
Grünten
1738
Sonthofen
Hindela·
19
Iller
1420
Nebelhorn
Riedberg-
pass
2224
Oberstdorf

> SYMBOLE

**MARCO POLO
INSIDER-TIPPS**
Von unseren Autoren
für Sie entdeckt

★ **MARCO POLO
HIGHLIGHTS**
Alles, was Sie im Allgäu
kennen sollten

☼ **SCHÖNE AUSSICHT**

 **WLAN-HOTSPOT**

▶▶ **HIER TRIFFT SICH
DIE SZENE**

> PREISKATEGORIEN

HOTELS
€€€   über 100 Euro
€€   75–100 Euro
€   bis 75 Euro
Durchschnittspreise für zwei
Personen im Doppelzimmer
mit Frühstück

RESTAURANTS
€€€   über 20 Euro
€€   12–20 Euro
€   bis 12 Euro
Die Preise gelten für ein
Hauptgericht mit Beilagen,
aber ohne Getränke

> KARTEN

[116 A1] Seitenzahlen und
Koordinaten für der
Reiseatlas Allgäu

Karten zu Füssen, Kempten
und Oberstdorf sowie einen
Plan der Regionalbahnen
des Allgäu-Schwaben-Takts
finden Sie im hinteren
Umschlag
Zu Ihrer Orientierung
sind auch die Orte mit
Koordinaten versehen,
die nicht im Reiseatlas
eingetragen sind

> DIE BESTEN MARCO POLO HIGHLIGHTS

 Waldburg
Lebensechtes Ritterambiente auf einem Moränenhügel – nicht nur für Kinder ist die Burg bei Wolfegg ein Erlebnis (Seite 67)

Schwäbisches Bauernhofmuseum
In Illerbeuren können Sie in Bayerns ältestem Freilichtmuseum zwischen den Höfen in der Vergangenheit spazieren und sich anschließend im angeschlossenen Gasthof stärken (Seite 74)

Basilika
In Ottobeuren steht eine der großartigsten deutschen Barockkirchen. Wenn es sich einrichten lässt, sollten Sie hier unbedingt ein Orgelkonzert besuchen (Seite 75)

Lechfall (Mangfall)
Bei Füssen ein spektakuläres Naturdenkmal aus der letzten Eiszeit (Seite 78)

Schloss Neuschwanstein
Einmal muss man die Königsschlösser besucht haben, König-Ludwig-Nostalgie inbegriffen (Seite 91)

Schwarzer Grat
Auf den Berg und durch den wilden Adelegg-Wald spazieren (Seite 98)

Eistobel bei Grünenbach
Durch ein zerklüftetes Naturschutzgebiet spazieren und die Füße im kalten Bach baden: ein herrliches Vergnügen für Groß und Klein im Westallgäu (Seite 108)

> Das Allgäu zählt zu den beliebtesten Ferienregionen in Deutschland. Die Voralpenlandschaft erfüllt vielen Menschen den Traum von einer grünen, stillen und erfrischenden Oase in guter Luft. Erholung beim Wandern in einer intakten Berglandschaft, Baden in kristallklaren Seen oder Skifahren in schneesicherer Gegend; zünftige Brotzeit auf einer Alpe oder feines Essen im Gourmetlokal; Besuch einer hochkarätigen Wintersportveranstaltung oder der weltberühmten Königsschlösser: Eine Reise ins Allgäu lohnt sich zu jeder Jahreszeit für Menschen aller Altersklassen, unterschiedlicher Interessen und Mentalität.

> Wen die Sehnsucht packt, der begibt sich statt nach Italien oder Skandinavien ins Allgäu – dort findet man beides, pralle Sommerlust und kristallklare Winteridylle. Im hügeligen Westallgäu, im flacheren Nordosten, im bergigen Süden und nach Südwesten zum Bodenseebecken hin treffen gleich mehrere Klimazonen aufeinander. Richtung Lindau und Bodensee ist das Wetter häufig mediterran, die Winter sind mild, die Sommer nicht allzu heiß, und die ersten Frühlingsblüten lugen hier vier bis sechs Wochen früher hervor als im Allgäuer Binnenraum, wo es im Winter heftig schneit und im Sommer wochenlang flirrend heiß sein kann. Die Allgäuer Landschaft liegt in einem gesunden Reizklima. Wer an einem typischen Hochsommertag zum ersten Mal in diese Gegend gerät, wird seinen Sinnen nicht trauen: Es ist genau wie im kitschigsten Reisebilderbuch, so, wie man es heute eigentlich gar nicht mehr erwartet. Noch grüner sind die Wiesen, noch blauer ist der Himmel, sanft flüstert der Wind durch Gräser und Wälder. In der Ferne wachen die Berge mit ihren weißen, majestätischen Hauben über das Voralpenland; Bäche gurgeln herab in die Täler, Weiher und Seen ruhen still, Libellen kreisen sirrend, die Luft flimmert.

Im Allgäu ist alles Landschaft, wilde, romantische, liebliche, anmutige, herbe, schroffe, auch gefährliche und natürlich nützliche Landschaft. Im Westallgäu dominieren sanfte Hügel und moorige Seen, am Horizont des Ostallgäus türmt sich eine grandiose Alpenkulisse auf. Im Oberallgäu prägen die Allgäuer Alpen und ihre Ausläufer das Panorama – immerhin sind 50 der 225 Gipfel des Allgäuer Hauptkamms höher als 2000 m. Das bedeutet allerdings auch, dass eine Bergtour kein Sonntagsspaziergang, sondern eine strapaziöse Herausforderung für den Erfolgswillen sein kann. Weshalb es keinesfalls ehren-

Prunkvoll: das in jedem Wortsinn königliche Schlafzimmer im Schloss Neuschwanstein

rührig ist (bloß kein falscher Ehrgeiz im Urlaub!), mit dem Auto gemächlich auf den wunderbaren touristischen Straßen durchs Allgäu zu rollen, das Fahrrad auf dem Dachgepäckträger und die Wanderstiefel im Kofferraum, und gelegentlich bei Zwischenstopps eines der vielen Wellness- und Kurangebote zu nutzen. Nehmen Sie Ihre Vesper oder Ihr Abendessen in einem der unzähligen

> Im Allgäu ist alles Landschaft

Gasthöfe ein, und lassen Sie sich von Deutschlands reinstem Käse, von deftigen, biologisch hochwertigen Speisen oder sogar von feinen Gourmetgerichten verführen.

Das Allgäu ist ein gutes Beispiel für die erfreulichen Auswirkungen eines sogenannten sanften Tourismuskon-

zepts: Dem Touristenstrom und der rechtzeitig erkannten Marktlücke für hochwertige, naturbelassene Produkte verdankt die Region die hohe Qualität ihrer landwirtschaftlichen Erzeugnisse; es gibt hier zahlreiche Biohöfe, deren Existenz alles andere als gefährdet ist.

Doch wuchert das Allgäu nicht nur mit seinem wichtigsten Pfund, der üppigen Natur, deren Erzeugnissen und den Angeboten der vielen Luft- und sonstigen Kurorte. Das Allgäu ist gleichzeitig auch eine Kunst- und Kulturlandschaft ersten Ranges. Die Fülle an Baudenkmälern und Kunstschätzen ist schier unerschöpflich. Inmitten großer Bauernanwesen und teils an Tirol erinnernder Einfamilienhausarchitektur erheben sich mächtige Kirchen und großartige Klöster, alte Burgen, imposante und bis heute noch bewohnte Schlösser wie auch verfallene Ruinen und verbergen sich erstaunliche archäologische Funde.

Wie kamen eigentlich die monumentalen Barockbauten auf die Kuhweiden und mitten in winzige Dörfer? Das unglaublich mühevolle und aufwendige Kunstschaffen des Barock folgte den Verwüstungen, Hungersnöten, Seuchen, Entbehrungen und Plünderungen des Dreißigjährigen Kriegs, in denen die Hälfte der Bevölkerung ihr Leben lassen musste, und den blutigen Bauernaufständen ein Jahrhundert zuvor. Barock, das ist die gegenreformatorische Kraft des Schönen gegen das Schreckliche und die Sünden der Vergangenheit. Zahlreiche Museen der Region geben

WAS WAR WANN?

Geschichtstabelle

8000 v. Chr. Spuren aus der mittleren Steinzeit belegen menschliche Besiedlung schon vor 10 000 Jahren

500 v. Chr. Kelten gründen Siedlungen im Allgäu

15 v. Chr. Römer erobern das Alpengebiet bis zur oberen Donau

3. Jh. Alemannen breiten sich aus

6.–10. Jh. Franken unterwerfen Alemannen, Christianisierung

1079–1268 Stauferzeit: Herzogtum Schwaben

13.–16. Jh. Das Allgäu ist wirtschaftlich stark: Tuch- und Leinenweberei, bedeutender Fernhandel

1525 Bauernkrieg gegen die Herrschaft der Fürsten und Städte. Der Aufstand wird blutig niedergeschlagen

1618–1648 Dreißigjähriger Krieg: Verwüstung weiter Teile des Allgäus, wirtschaftlicher Niedergang

Um 1635 Die Pest rafft einen großen Teil der Bevölkerung hin

1852 Eisenbahn in Kempten, die ersten Touristen kommen bereits aus ganz Deutschland

1886 Sebastian Kneipp, Pfarrer in Bad Wörishofen, veröffentlicht „Meine Wasserkur"

1945–1947 Sprunghafter Bevölkerungszuwachs durch Heimatvertriebene aus Böhmen und Schlesien

1999 Orkantief „Lothar" verwüstet mit Windgeschwindigkeiten bis zu 150 km/h viele Wälder

2007 Der Allgäu-Airport in Memmingerberg nimmt den Betrieb auf

interessierten Besuchern einen guten Überblick und zeigen viele Zeugnisse aus bewegten und bewegenden Zeiten.

Und noch etwas ist für Ortsfremde schwer zu verstehen: Wo verläuft eigentlich die Grenze zwischen Allgäu und Oberschwaben? Eine nicht leicht zu beantwortende Frage, weil geografische und politische Definition dabei wild durcheinander geraten. Als Faustregel dient vielleicht: Wo die Kornfelder wogen, ist Oberschwaben, wo die Grünwirtschaft beginnt, ist Allgäu. Und dann wird es auch noch richtig politisch, wenn Touristen auf den Gipfeln plötzlich mit einem Fuß in Deutschland, mit dem anderen in Österreich wandern.

> Barockbauten auf Kuhweiden und in winzigen Dörfern

Das Kleinwalsertal und die Enklave Jungholz beispielsweise gehören zu Österreich und sind so genannte Zollanschlussgebiete – dank gemeinsamer Währung gibt es nun wenigstens finanziell keine Verwicklungen mehr. Historisch-kulturell gesehen ist das Kleinwalsertal übrigens schweizerisch, denn aus dem Wallis waren Bergbauern, Profis der Alpenkultivierung, nach Osten gezogen. Für Anleger, die Diskretion wünschen, ist der Finanzplatz Kleinwalsertal ein Geheimtipp: Man passiert keine Grenzkontrolle, und doch gilt das österreichische Bankgeheimnis.

Nun sind profane pekuniäre Interessen nicht jedermanns Anliegen. Ganz anders ist das beim Wetter, das alle angeht. Es sei nicht verschwiegen: An Niederschlägen mangelt es nicht, im Allgäu regnet und schneit es oft. Das Gute daran: Die Gegend ist praktisch den ganzen Winter über schneesicher, und im Sommer gibt es Bade- sowie Wassersportmöglichkeiten zuhauf. Und selbst bei Regen öffnet die Natur sich den menschlichen Sinnen in wunderschöner Weise – die Luft

Fahren Sie einfach hin, und entdecken Sie „Ihr" Allgäu: Ob mit Familie oder als Single, ob Sie auf Ge-

> **Die Luft ist klar und würzig wie ein frisch gezapftes Bier**

sundheit, sportliche Höchstleistung, Spaß, Abenteuer, Kulturerlebnisse,

Bummel in Wangen: Die gesamte mittelalterliche Altstadt steht unter Ensembleschutz

ist dann klar und würzig wie ein frisch gezapftes Bier, der warme Föhnwind (40–50 Tage im Jahr) reißt die Wolkendecke auf, und selbst der Schnee bleibt bis zum Frühlingstauwetter weiß.

Kunstgenuss oder nur auf eine Zeit des Faulenzens aus sind – wie auch immer Sie sich das Allgäu vorstellen, die Realität ist genau so prall und wonnig wie Ihre vermeintlich übertriebenen Phantasien.

▶▶ TREND GUIDE ALLGÄU

Die heißesten Entdeckungen und Hotspots! Unser Szene-Scout zeigt Ihnen, was angesagt ist

Christof Mühlberger

Den gebürtigen Allgäuer und bekennenden Snowboard-Freak Christof Mühlberger hat es nach dem Studium in Regensburg wieder zurück in die alte Heimat gezogen. Warum? Weil es seiner Meinung nach zum Boarden, Klettern, Biken und Clubben keine bessere Gegend gibt! Inmitten der Allgäuer Szene sucht Christof Mühlberger deshalb stets nach neuen Trends zum Ausprobieren und Weiterentwickeln.

▶▶ HIP-HOP AUS DEN BERGEN

Die neuen Turntable-Rockers

Inmitten der Landidylle dröhnen die Beats: Das Allgäu ist der neue Ideenpool des Hip-Hop-Nachwuchses. Immer mehr Profis und Anfänger rocken die Bühne und sorgen national und international für Furore. Die Stars von morgen besuchen die *Modern Music School* in Kempten – einen Ableger der renommierten *Vibra-DJ-Schule (Linggstr. 12, www.vibra.dj,* Foto). Der Allgäuer Rainer von Vielen *(www.rainer vonvielen.de)* hat bereits mit den *Fantastischen Vier* zusammengearbeitet und spielt mittlerweile in der ersten Hip-Hop-Liga. Und auch der Sonthofener DJ *Sir Sri* hat die Schulzeit hinter sich: Er legt rund ums Dreiländereck auf und vertreibt nach den Nächten an den Turntables Hip-Hop-Styles im eigenen Store *(Free-style – da HipHop Store, Klostersteige 15, Kempten, www.sirsri.de).* Und natürlich gibts auch ein Event, bei dem kein echter Rapper fehlen darf: Die *Knock Out Freestyle Battle* wird von einer Kemptener Hip-Hop- und Event-Agentur *(www.oh-dog.de)* organisiert und gilt mittlerweile als Schmiede der Stars von morgen.

SZENE

▶▶ EXTREME-CANYONING

Höher, schneller, tiefer

Im Allgäu, der Region der Schluchten, Seen und Berge, hat Canyoning Tradition. Doch jedem Trend kann noch eine Krone aufgesetzt werden. Adrenalin-Junkies halten sich an die Extremvariante – zum Beispiel beim Nacht-Canyoning (*www.purelements.de*, Foto). Dabei erforscht man zur Geisterstunde Höhlen und Schluchten mit Stirnlampen und Tastsinn. Eine völlig neue Erfahrung garantiert auch das Vollmond-Canyoning: Im Mondschein auf Tour gehen, sich beim Canyoning auspowern und zum speziell gebrauten Vollmondbier die Afterparty einläuten (*www.open2enterprise.com*).

▶▶ WOHLFÜHLKONZEPTE

Entspannen mit Tannenzweigen und Naturmoor

Bio-Wellness nach historischen Rezepten ist der entspannendste Trend im Alpenvorland. Stein- und Flachsbäder mit glühendem Urgestein und Tannenzweigen, erfrischende Mühlradduschen oder ein Trockenbad mit dem köstlichen Duft nach frisch gebackenem Brot gehören zu den ursprünglichen Wellnesskonzep-

ten fernab von Hightech-Saunen und Solarium. Packages und einzelne Anwendungen gibts im *Hotel Oberstdorf (Reute 20, Oberstdorf, www.hotel-oberstdorf.de)*. Echte Allgäu-Wellness für alle Sinne bietet das Relaxhotel *Nebelhorn (Am Herrenberg 10, Obermaiselstein, www.nebelhorn-relax.de,* Foto). Hier erwarten Besucher neben Naturmoorpackungen auch kulinarische Highlights aus der Bioküche. Vom reinen Alpquellwasser bis zur Kräuterküche ist im *Nebelhorn* alles Bio.

▶▶ SNOW-FASHION

Indie-Labels kommen

Unter Kultverdacht stehen die Labels für Snowboardfashion, die sich gerade aus dem Allgäuer Untergrund hervorwagen: Indie-Marken wie *Alptraum (Kirchstr.6, Oberstdorf, www.alptraum.net,* Foto) stehen für superstylishe Sport-Fashion von morgen – von Snowboardschuhen, Pullovern und Mützen bis zu Bikinis und Decken. Das *Alptraum*-Logo ist der neue Trend-Indikator der Snowboard-Community – auch außerhalb der Allgäuer Szene. Vom Handschuh-Shop zum Kultlabel sind auch *Troyan Gloves (www.troyan.de)* avanciert: Mindestens ein Paar Handschuhe, ein Shirt oder Gürtel des jungen Kemptener Labels ist Pflicht beim angesagten Snowboarder von Welt.

▶▶ WHITE NIGHTS

Winterliche Outdoor-Abenteuer

Nach dem Après-Ski ins Iglu: Heiße Nächte verbringt man im Allgäu unter einer dicken Schicht Schnee und Eis. Neuerdings kann man sich dieses Domizil auch selbst bauen – mit Schneesäge und Schaufel entsteht es nach Eskimotechnik *(www.spirits-of-nature. de)*. Wer nicht genug vom Abenteuer bekommen kann, bucht eine mehrtägige Schneewanderung mit Iglubau, eigenem Husky und Vollmondnacht. Auf Nachfrage erhalten die Abenteurer vom Trapper gratis Spurenlese-Tipps (*www.allgaeu-scout.de,* Foto). Doch auch der Weg zur urigen Berghütte als Nachtdomizil kann zum Adventure-Trip werden – wenn auf der Tour Bäche durchwatet, Berge mit Schneeschuhen erklommen werden und die Nacht bei Fackelschein verbracht wird (Touren bei *www.allgaeu-trapper.de*).

▶▶ ANDERS IM TREND

Die Hotspots der Gay-Szene

Die Gay-&-Lesbian-Szene boomt in der Bergregion: Jährlich findet das Gay-Film-fest des *Gay Summit Club Allgäu (www. gsc-allgaeu.de)* statt – mit zahlreichen Filmen und Prominenten der Szene. Karaokefans finden im Kemptener *Village Club (Haubensteigweg 9, www.villageclub-kempten.de)* Gleichgesinnte. Das Gay-Lokal organisiert regelmäßig Special Events von Disko bis zur Gala. *Bonito Allgäu (www.bonito-allgaeu.de)* ist eine Plattform für Gay-Themen und Veranstaltungen in der Region.

▶▶ TRENDSPORT KROLF

Golf und Krocket ohne Attitüde

Golf war gestern, heute spielt man *Krolf:* Die Mischung aus Krocket und Golf erfordert weder Platzreife noch Dresscode – und ist im Allgäu entstanden! Der erste Krolf-Club Deutschlands *(www.krolf.de,* Foto) hat seinen Sitz in Bad Hindelang. Wer vom Trendsport nicht genug bekommt, bucht sich im Hindelanger *Hotel Prinz-Luitpold-Bad (Andreas-Gross-Str. 7, www.luitpoldbad.de)* ein, dem ersten Krolf-Hotel mit eigenem Platz und Kursen. Übrigens: Seit 2007 nehmen auch deutsche Spieler an den *Krolf*-Weltmeisterschaften teil!

▶▶ ALLGÄU-ART

Computerkunst in historischen Gebäuden

Je innovativer, dynamischer und provokativer, desto besser, lautet das Motto der computerbegeisterten Künstlerriege im Voralpenland. Einer der bekanntesten Artists der Digital-Art-Szene ist Wolfgang Däumler *(www.artmetic. de,* Foto): Seine algorithmischen Grafiken im Großformat erschafft er auf einem Allgäuer Einödhof. Wer mehr sehen will, besucht die *Kunstlege Hohenegg (Hohenegg 4, Grünenbach, www.kunstlege.de),* eine private Galerie für Digitalkunst. Auf 120 m² werden hier wechselnde Kunstwerke regionaler und nationaler Computerkünstler ausgestellt.

ALLGÄUER ALPEN

Die Allgäuer Alpen bilden einen Teil der nördlichen Kalkalpen zwischen den Flüssen Iller und Lech mit Gipfelhöhen bis zu 2657 m (Großer Krottenkopf); bekannteste Höhe ist die Mädelegabel (2645 m). Die vielschichtige geologische Gestalt macht das Allgäu heute touristisch so attraktiv: Da sind bewaldete Hänge, Felswände und große Gesteinsschutthalden; dann gleichmäßig steil geneigte Grashänge, die so genannten Allgäuer Grasberge, die sich vor allem zum Alpinskilauf und für Gratwanderungen eignen. In diesem Mergelgebiet dominiert die Almwirtschaft. Die wichtigsten Gipfel sind auf ca. 60 km durch Höhenwege immer an der österreichischen Grenze entlang vom Söllereck bis zum Oberjoch miteinander verbunden, die allerdings nur im Hochsommer be-

STICH
WORTE

gehbar sind. Als Allgäuer Voralpen bezeichnet man die dem Bregenzer Wald nördlich vorgelagerten Berge zwischen Bodensee und Iller mit dem Hochgrat als höchstem Gipfel (1833 m).

ALPE

Alpe ist die alemannische Bezeichnung für Alm, also einen Weideplatz auf einem Berg. Diese Sommervieh-weiden liegen oberhalb von Siedlungen und oberhalb der Waldgrenze. Viele dienen als Sennalpe der Herstellung von Käse. Das Jungvieh wird auf Galtalpen aufgezogen. Im Allgäu gibt es heute noch um die 600 bewirtschaftete Alpen. Wanderern wird traditionell freundliche Einkehr geboten, und da die Zahl der Wanderer erheblich zugenommen hat, hat sich so manche Alpe auf die Bewirtung der Einkehrenden als Broterwerb verlegt. Man kann tagelang auf Sennalpenwegen wandern oder biken (z. B. auf dem Sennalpenweg/Käselehrpfad von Balderschwang aus zu acht Alpen).

BAROCK

Barock und Oberschwaben – das gilt für viele kunsthistorisch Interessierte als nahezu gleichbedeutend. Tatsächlich wuchert diese Landschaft mit prunkvollen Pfunden des Barock und des verspielteren Rokoko, monumentalen Bauschätzen aus der Zeit zwischen dem Ende des Dreißigjäh-

Viel besungen: So blau blüht der Enzian

rigen Kriegs Mitte des 17. Jhs. und der Französischen Revolution Ende des 18. Jhs., wobei die meisten Bauten dieser Epoche der Heiterkeit und Sinnenfreude hier erst nach dem österreichischen Erbfolgekrieg, also nach 1748, errichtet wurden. Der von überbordender Pracht (alles „zur größeren Ehre Gottes") geprägte Barockstil ist Ausdruck der Gegenreformation und sollte dazu beitragen, den katholischen Glauben zu festigen, zu vertiefen und neu zu verbreiten.

ETYMOLOGIE

Der Name Allgäu geht zurück auf Albgau, den Namen einer zwischen Alpen und oberer Argen bzw. Wertach gelegenen Grafschaft. Althochdeutsch *alba* bedeutet Bergweide, und *gäu* bezeichnet eine wasserreiche und zugleich waldarme Auenlandschaft. Bei den häufig zu lesenden Erklärungen „hügeliges Land" oder auch „Landschaft vor den Alpen" handelt es sich vermutlich um freie Übersetzungsvarianten dieser Bedeutung.

FLORA UND FAUNA

Von Mai bis Ende Juli blühen in den Alpen Pflanzen, die an extreme Lebensbedingungen angepasst sind: z. B. Silberwurz und Alpenazalee, Hochstauden wie Eisenhut, Alpendost, Milchlattich, sogenannte Urwiesenpflanzen wie die berühmten blauen und gelben Enziangewächse oder verschiedene Steinbrecharten. An Stellen, auf denen der Schnee lange liegen bleibt und die im Sommer von Schmelzwasser durchflossen sind, bilden sich Alpenglöckchen. Auf Schutthalden wiederum wachsen alpines Täschelkraut, alpiner Mohn, Alpenleinkraut und alpines Weidenröschen.

sonders anpassungsfähig sind die „eigentlichen" Alpentiere: Alpensalamander, Kreuzotter, Bergeidechse, Hummeln, Schmetterlinge wie Mohrenfalter, Alpenbläuling und Apollo-

In barocker Pracht präsentiert sich Kissleggs Kirche St. Gallus und Ulrich

Zu den im Allgäu lebenden Tieren zählen Arten völlig unterschiedlichen Ursprungs: Tundratiere wie Ringdrossel, Schneehase und Schneehuhn genauso wie die Taigabewohner Tannenhäher oder Perlmutterfalter. Das Murmeltier drang aus Mittelasien über die Karpaten in die Alpen vor. Es hält unter der Schneedecke seinen Winterschlaf. Auch die Schneemaus zieht sich unter die wärmende, weil isolierende weiße Pracht zurück, bleibt aber wach und ernährt sich von ihrem Vorratslager. Vor den Menschen hierher geflohen sind Auerhuhn, Kolkrabe und Steinadler. Be-

falter. Luchs, Wolf, Bart- und Gänsegeier sind ausgerottet, nur der Steinadler geht noch auf die Jagd. Der beinahe ebenfalls ausgerottete Alpensteinbock klettert am liebsten an steilen Felswänden herum, während die Gämse sich trittsicher auf Schneedecken bewegt, ohne darin einzusinken.

KUREN

An die 30 Bäder, heilklimatische Kurorte und Luftkurorte liegen im Allgäu. Die klassische Kneipptherapie stützt sich auf das Zusammenwirken von fünf Elementen: die Heilkraft des Wassers mit Temperaturreizen durch Güsse, Bäder, Wickel, Packungen; ein Bewegungsprogramm zum

Mayr und Moorbäder werden angeboten. Unter den ortsspezifischen Kuren ist vor allem die Heukur in Pfronten und Schwangau zu nennen.

Wellness ohne Schnickschnack: Solebecken in Bad Wörishofen

Herz- und Kreislauftraining; Phytotherapie (sanfte Medizin mit Heilkräutern); ausgewogene, gesunde Ernährung mit angepassten Diäten; und als Kernstück die mentale Ordnungstherapie, um körperliches Wohlbefinden und Lebensfreude zu stärken. Allergiker und Asthmatiker sollten ihren „Kurlaub" möglichst in höheren Lagen verbringen, weil viele Pollen und Milben dort nicht existieren. Die Schrothkur nach dem österreichischen Bauern Johann Schroth dient der Entgiftung von Körper, Geist und Seele. Auch Regenerationskuren nach dem österreichischen Arzt F. X.

MUNDART

Wer ins Allgäu reist, kommt in schwäbisch-alemannisches Sprachgebiet. Auch auf der bayerischen Seite spricht man Schwäbisch, auf der baden-württembergischen eher in alemannischer Prägung. Allerdings ist der Dialekt – teils von Dorf zu Dorf erheblich variierend – ganz unterschiedlich eingefärbt. Durch die jahrhundertelange Abgeschiedenheit hat der Dialekt wunderschöne mittelalterliche Wörter ins 21. Jh. gerettet, zum Beispiel *Bluetbodebira* („blutige Bodenbirnen": Blutwurst mit Bratkartoffeln).

> www.marcopolo.de/allgaeu

WALD

Den spezifischen landschaftlichen Reiz des Allgäus macht der Wechsel von Wiesen, Weiden und Wäldern aus. Die Gegend ist viel lichter als etwa der Schwarzwald, nur 23 Prozent der Fläche sind mit Wald bedeckt. Meist sind es kleine Bauernwälder, nur drei große Forsten schieben sich in das Mosaik der kleinräumigen Landschaft: das Waldmassiv der Adelegg im Westen, der Kempter Wald im Zentrum und der Große Wald am Grünten. Der Kempter Wald im Osten der Stadt ist bestens mit Ausflugswirtschaften erschlossen. Deutlich wilder ist die Adelegg, ein uraltes Paradies für Rotwild und Wanderer und inzwischen auch ein Lieblingsziel von Mountainbikern. An einigen Stellen der Adelegg balzen noch die schönen Auerhähne, eine faszinierende Demonstration der Natur. Im Großen Wald am Grünten schließlich wird das Gelände alpin; es wimmelt vor botanischen Raritäten, und Sie treffen auf Rehe, Hirsche und mit Glück auch auf Gämsen. Der Bergwald am Grünten wird von Fichten dominiert, hier sind sie auch von Natur aus zu Hause. Dagegen sind viele der einstigen Mischwälder von Menschenhand in Monokulturen aus Fichten verwandelt worden.

> BÜCHER & FILME

Die heile Allgäuer Welt beflügelt „kriminelle" Phantasien

> **Seegrund** – Das Duo Volker Klüpfel/Michael Kobr hat mit Kommissar Kluftinger einen kultigen Typ erfunden, dessen Fälle möglicherweise sogar verfilmt werden. Am Alatsee bei Füssen wird ein Taucher tot aufgefunden. Bei den Recherchen stößt Kluftinger auf Ereignisse, die zurückgehen in die Zeit des Naziterrors rund um Füssen. Flott und witzig geschrieben, mit Tiefgang.

> **Gottesfurcht** und **Kuhhandel** – Nicola Förg schickt in ihren Büchern den Kommissar Weinzirl und die Allgäuer Tourismusdirektorin Jo gemeinsam auf Verbrecherjagd in den Bergen. Leichte Lektüre mit Lokalkolorit, aber auch vielen Klischees.

> **Brandls Albträume** – Allgäuer Eigenarten nimmt Bruno Vidal witzig und satirisch auf die Schippe, während Kommissar Brandl rund um den Kemptener Jazzfrühling ermittelt.

> **Daheim sterben die Leut'** – Der preisgekrönte Film von 1985 ist auch als DVD erhältlich. Klaus Gietinger und Leo Hiemer erzählen von einem Allgäuer Bauern, der sich gegen die Errichtung einer Fernwasserleitung wehrt. Gietinger hat zahlreiche Tatort-Krimis gedreht.

> **Komm, wir träumen** – Eckart absolviert seinen Zivildienst in einer Behindertenwerkstätte im Ostallgäu. Dort trifft er die geistig behinderte Ulrike. Dank seiner intensiven Zuwendung macht Ulrike erstaunliche Fortschritte. Leo Hiemer lässt in diesem ambitionierten Film von 2004 professionelle Schauspieler, Leute aus der Region und Mitglieder der Ostallgäuer Werkstätten gemeinsam spielen.

VON VIEHSCHEID UND FUNKENFEUER

Ein Höhepunkt im Festkalender
sind die alemannischen Fasnetsumzüge im Winter

> Die Allgäuer sind ein geselliges und
festfreudiges Völkchen. Sie feiern Kinder-,
Heimat- und Stadtfeste, farbenfrohe
Sommer- und Fasnetsumzüge,
heidnische Funkenfeiern zum Austreiben
des Winters, Wallfahrtsprozessionen,
Bergmessen, den bäuerlichen Viehscheid,
die Zusammenkünfte der Alphornbläser
und natürlich die sportlichen
Wettbewerbe. Hinzu kommen festliche
Konzertzyklen und geistliche Musikdarbietungen
in Schlössern, Kirchen und Abteien.

OFFIZIELLE FEIERTAGE

An Feiertagen gelten im Hinblick auf Öffnungszeiten,
Ruhetage etc. meist – aber
nicht immer! – die Sonntagsregelungen.
Neben den bundesweiten sind einige
kirchliche Feste gesetzliche Feiertage:
6. Januar *Hl. Drei Könige;* **Fronleichnam;**
15. August *(nur im bayrischen Teil)*
Mariä Himmelfahrt; **1. November** *Allerheiligen*

VERANSTALTUNGEN

Dezember/Januar
Im Dezember und Januar gibt es mehrere
Skisprung- und Skiflugwettbewerbe Insi'
Tir
in Oberstdorf.

Februar/März
Gumpiger Donnerstag: alemannisch-
schwäbische Weiberfastnacht in den
Gastwirtschaften.
Fasnetsumzüge: ab Ende Januar in jeder
kleinen Ortschaft, verteilt auf die Wochenenden,
zum Schluss in den Städten.
Funkenfeuer: am Sonntag nach Aschermittwoch
auf Hügeln vieler Dörfer.

April
Georgiritte mit Pferdesegnung: kirchlich-folkloristisches
Fest Ende April in
vielen Allgäuorten.
Kemptener Jazzfrühling in der Altstadt
Insi'
Tir
mit Auftritten lokaler und internationaler
Interpreten, teilweise unter freiem
Himmel.
Kunstfrühling in Bad Wörishofen mit
Ausstellungen internationaler Kunst.

Aktuelle Events weltweit auf www.marcopolo.de/events

> EVENTS
FESTE & MEHR

Juni

Internationale Wolfegger Konzerte: Am letzten Juniwochenende beehren renommierte Künstler die kleine Residenz.

Juli

Tänzelfest: 1600 Kinder spielen in Kaufbeuren die Geschichte ihrer Stadt, historisches Fest mit Lagerleben und Umzügen.
Heilig-Blut-Fest: Wallfahrtsfest mit etwa 1600 Reitern am zweiten Freitag in Bad Wurzach.
Seenachtsfest am Großen Alpsee bei Bühl mit Feuerwerk und Tanz.
Oberstdorfer Musiksommer: dreiwöchiges internationales Klassikfestival.
Isny-Oper: Mitte Juli gibt es im Isnyer Kurpark eine Freiluftoper.

Juli/August

Isnyer Theaterfestival: 14 Tage Zeltperformance und Workshops.

August

Mitte August *Sägefest* an der historischen Sägemühle in Fischen.

Allgäuer Festwoche in der Innenstadt von Kempten – am Abend geht es rund bei Musik und guter Stimmung in Bierzelt und Weinlaube.
Mittelalterlicher Jahrmarkt am letzten Sonntag auf der Viehweide Pfronten.

September

Viehscheid: 40 000 Stück Vieh werden von der Alpe abgetrieben.
Schlosskonzerte in Neuschwanstein.

Oktober

Colomansfest: Mitte Oktober versammeln sich 200 geschmückte Pferde mit Reitern in Tracht bei der Kirche St. Coloman in Schwangau.

November/Dezember

Christkindlesmärkte in vielen Orten ab Ende November.

Dezember

Klausentreiben: „Rumpelklausen" vertreiben vom 4. bis 6. Dez. in Sonthofen, Oberstdorf und Fischen die Wintergeister.

> KASSPATZEN UND SPRINGERLE, SEELEN UND WEISSBIER

Die Allgäuer Kochkunst verlässt sich auf nahrhafte Grundlagen, auf Küchle, Torten und deftige Vespern

> **Das Allgäu ist eine konservativ geprägte, bäuerliche Landschaft, in der die Menschen immer schwer für ihr täglich Brot arbeiten mussten. Früher ging es karg zu, zumal in den Höhenlagen, da waren die Mahlzeiten manchmal der einzige Luxus, den man sich leistete.**

Die meisten Spezialitäten des Allgäus werden mit Mehl, Eiern, Milch und meist auch Käse zubereitet. Daraus entstehen Teiggebilde, die als Nudeln, Spätzle, Knöpfle, Maulta-

schen serviert werden. „Kasspatzen", Käsespätzle, werden in der einheimischen Küche noch genauso ernsthaft und regelmäßig gegessen wie früher, ebenso Kraut- und Spinatspätzle oder Krautkrapfen. Wie man selbst fachgerecht Kasspatzen zubereitet, können Sie im *Käseladen Sennkuche-Stube (Tel. 08324/27 53)* von Resi Schmid in Bad Oberdorf erlernen.

Ehrgeizige Köche versuchen heute zwar, die einfachen Gerichte raffi-

Bild: Mittelstation der Fellhornbahn bei Oberstdorf

ESSEN & TRINKEN

niert zu veredeln, was waschechte Allgäuer jedoch nicht blenden kann: Sie bevorzugen allemal eine ordentliche Portion Kasspatzen aus Teig und Rohmilch-Bergkäse der fettärmeren Version mit dekorativer Salatbeilage.

In der Küche koexistieren bayrische und schwäbisch-württembergische Traditionen. Die deftige „Brotzeit" (in Württemberg die Vesper), die bayerischen „Schmankerln", die Knödel und die Leberknödelsuppe gehören ebenso auf die Speisekarte wie die Flädlesuppe von der Württemberger Seite. Aus der Landschaft kommen für die Tafel Wild und Fisch: Forellen aus den regionalen Fischteichen oder diverse Bodenseefische.

Wer die Pfunde fürchtet, die man bei solch deftiger Ernährung zulegen könnte, sei beruhigt: Auch im Allgäu gibt es eine breite Auswahl an Gasthöfen und Gourmetrestaurants mit gehobener und von auswärts beeinflusster Küche. Den traditionellen Arme-Leute-„Stopfer", eine Mehlschwitze mit Schmalz und Eiern, können nur noch wenige alte Allgäuerinnen zubereiten. Er schmeckt übrigens wirklich nur bei großem Hunger.

Ein süßes Kapitel für sich: die Allgäuer und ihre Küchle, Kuchen, Torten und Gebäcksorten! Schon aus diesem Grund zieht es manche Norddeutsche ins Allgäu: Die Bäckereien und die Dessertkarten haben ein so breites Sortiment, dass selbst eingefleischte „Sauerköpfe" plötzlich Ap-

> SPEZIALITÄTEN
Genießen Sie die typische Allgäuer Küche!

Apfelbrot – köstliche Mischung aus süß, würzig und nahrhaft mit geraspelten Äpfeln, Zucker, Rosinen und gehackten Haselnüssen; lecker zum Frühstück

Birnenbrot – noch köstlicher als Apfelbrot: in den besseren Bäckereien im Herbst als helle oder dunkle Sorte zu kaufen

Bratknödelsuppe – Wurstmasse in Brühe ausgekocht und ziehen gelassen

Flädlesuppe – würzige Suppenbrühe, in der schmale Pfannkuchenstreifen schwimmen

Holunderküchle – Holundergebäck, eine Delikatesse im Spätsommer

⭐ *Kasspatzen* – abwechselnde Lagen aus Spätzle und Bergkäse, mit Zwiebeln und Butter abgeschmelzt; im Restaurant möglichst mittags essen, weil sie dann frisch sind (Foto)

Maultaschen – Nudelteigtaschen, das schwäbische Nationalgericht; klassische Füllung: fein gehackte, angeröstete Zwiebeln und Lauch, etwas Hackfleisch, abgeschmeckt mit Petersilie, Muskat und Spinat

Maultaschensuppe – nahrhafte Alternative zur Flädlesuppe: Maultaschen in Suppenbrühe

Pfifferlinge – Die beliebten Sommerpilze werden oft im Suppenteller serviert, weil der eine große Knödel in der Pfifferlingsuppe regelrecht badet

Rösti – ursprünglich aus der Schweiz stammende Beilage für den großen Appetit: ein knuspriger Fladen aus geraspelten und gebratenen Kartoffeln

Schupfnudeln – kurze Nudeln mit hohem Kartoffelanteil; oft mit Sauerkraut serviert

Wurstsalat – mit Zwiebeln und saurer Sauce angemachte Wurststreifen

Zwetschgendatschi – zergeht umso mehr auf der Zunge, je dünner und knuspriger der Boden gebacken wurde; mit Sahne natürlich!

felküchle mit Vanilleeis bestellen, eine Art Nationalnachspeise. Eine ins 17. Jh. zurückreichende Tradition ist das „Springerle"-Backen vor Weihnachten. Diese mit Modeln (hölzernen Hohlformen) geprägten, anisegewürzten Eierteigplätzchen sind unter verschiedenen Namen im ganzen süddeutschen Raum beheimatet. Die gebackenen Bilder mit phantasievollen Motiven sind Ausdruck künstlerischer Kreativität und dienten zugleich als kleine Geschenke. Im Deutschen Brotmuseum in Ulm sind viele Modelbeispiele ausgestellt.

Noch typischer als die Brezel und ihre Variante, das Laugenhörnle, sind die vor allem im Allgäu und im Bodenseeraum beheimateten schwäbischen Seelen. Diese einfache Brotart aus Weißmehl, Wasser und Salz ist heutzutage täglich frisch beim Bäcker zu bekommen. Früher war sie besonderen Gelegenheiten wie Allerheiligen und Allerseelen vorbehalten, wenn man das Seelengebäck armen, hungrigen Menschen gab, die sich durch Aufsagen von Bittsprüchen bedankten.

Die Tendenz zur vollwertigen Ernährung ist im Allgäu stärker ausgeprägt als in anderen Urlaubslandschaften. Gourmet- und Ökoköche vereint das Credo: frische Produkte aus der Umgebung. Dieser Bedarf wird zu immer mehr landwirtschaftlichen Betrieben gedeckt, die nach biologisch-dynamischer oder biologisch-organischer Weise arbeiten. Nicht wenige Verbraucher kaufen direkt auf den Höfen Fleisch, Wurst, Geflügel, Eier, Butter, Nudeln, Holzofenbrot und Milch, aber auch Marmelade, Honig, kalt gepress-

tes Speiseöl, Biowein, Apfelsaft und Schnaps von Streuobstwiesen ein. Wegen der weiten Wege liefern manche Höfe mittlerweile ihre Erzeugnisse nach Bestellung direkt an die Haustür. So mancher überregionale Reformhauslieferant hat seinen Firmensitz im Allgäu.

Küchenimport aus der nahen Schweiz: Rösti

Im Allgäu haben viele der traditionellen Familienbrauereien in Nischen überlebt. Die Gäste profitieren davon, indem sie unter besonders vielen Biersorten — etwa hellen und dunklen Weißbiervarianten mit und ohne Hefe — wählen können. Vorsicht ist jedoch vor der verheerenden Wirkung des süffigen Bockbiers geboten, des köstlichen, aber alkoholreichen Starkbiers mit mindestens 16 Prozent Stammwürze.

HÜTE UND HONIG, KUNST UND KÄSE

Mitbringsel und Souvenirs aus Kunstgewerbe und Küche

> Im Allgäu, behaupten viele, sei die Welt noch in Ordnung – weshalb auch die Lebensmittel, die hier entstehen, begehrt sind. Käse, Milch, Honig oder Fleisch: Die Region wirbt mit zahlreichen „Von-hier"-Produkten. In vielen kleinen und gemütlichen Läden haben Sie Gelegenheit, sich mit heimischen Produkten einzudecken.

HÜTE

Wer eine neue Kopfbedeckung benötigt und dabei an einen Stroh-, einen Filz- oder gar einen Trachtenhut denkt, hat in Lindenberg, dem traditionellen Ort der Huterer, gute Chancen, fündig zu werden.

KÄSE

Fast jeder Emmentaler, der in Deutschland verzehrt wird, ist ein Allgäuer Käse. Früher hatte dort jeder Weiler seine eigene Käserei, seine Sennerei, kurze Wege für die Milch und schnelle Verarbeitung – eigentlich ein kaum zu übertreffendes ökologisches Modell und geschmacklich über jede Konkurrenz erhaben. Diese bäuerliche Kultur verschwand in den 1960er-Jahren, als die kleinen Dorfsennereien von großen Molkereien geschluckt wurden. Mittlerweile knüpfen Biohöfe an alte Traditionen an. Hier eine Auswahl von Adressen, wo Sie nach alter Handwerksart zubereiteten Käse bekommen: *Käsküche Isny (Maierhöfener Str. 78 | www.kaeskueche-isny.de)*, *Ökologische Molkereien Allgäu (Kisslegg | Immenrieder Str. 4)*, *Boschenhof (Leutkirch-Friesenhofen | Boschen 4 | www.kaeserei-boschenhof.de)*, *Alles Bio Käse (Wangen | Herrenstr. 16 | www.allesbiokaese.de)*, *Käserei Zurwies (Wangen | Zurwies 11)*, *Schaukäserei Vogler (Bad Wurzach-Gospoldshofen | Simon-Göser-Str. 11 | www.kaeserei-vogler.de)*.

KULINARISCHES

Immer passend sind – neben dem Käse – auch andere kulinarische Mitbringsel bzw. Erinnerungen: ein Legauer Rapunzel-Naturprodukt, ein Birnenbrot, ein Obstler, ein Glas Imkerhonig oder Edelschokolade aus der Confiserie Heilemann in Memmingen.

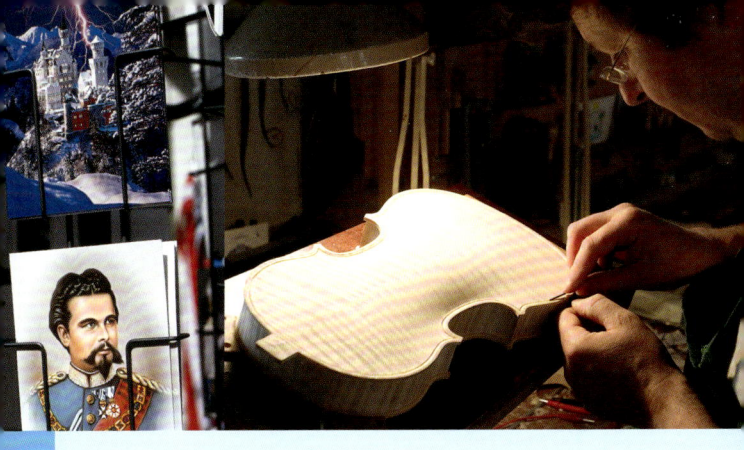

> EINKAUFEN

KUNST

Im Allgäu leben relativ viele bildende Künstler, entweder Aussteiger aus der Großstadt, die lieber in der ländlichen Idylle arbeiten, oder Maler wie Friedrich Hechelmann aus Isny und Reinhard Blank aus Bad Grönenbach-Thal, die ihre Heimat nicht verlassen haben und deren Fans gern zu ihnen pilgern. Es gibt dementsprechend viele Gelegenheiten, Gemälde oder Skulpturen in ganz unterschiedlichen Stil- und Preisklassen zu erwerben.

KUNSTHANDWERK

Viele traditionelle kunsthandwerkliche Fertigkeiten wie das Schnitzen, das Töpfern oder die Glasbläserei haben sich im Allgäu noch erhalten, und entsprechende Produkte werden vielerorts als Souvenir angeboten. Handfest ist zum Beispiel eine nützliche Eisenpfanne oder ein dekorativer Landsknechtsspieß aus einer der originalen Hammerschmieden in Argenbühl-Gottrazhofen oder Bad Hindelang.

SCHMUCK

Bereits industrielles Niveau haben die Modeschmuckartikel, die in Kaufbeuren-Neugablonz aus der Fabrikation der heimatvertriebenen Sudetendeutschen kommen. Hier haben Sie die Qual der Wahl zwischen glitzernden Accessoires aus über 100 Betrieben.

WEBWAREN

Der Fleckerlteppich, auf Hochdeutsch Flickenteppich, auch Allgäuer Teppich genannt, wird heute noch auf Handwebstühlen hergestellt. Die für die Region typischen Gewebe werden mit grobfädiger Kette und Schuss aus Web- und Wirkstoffresten in verschiedenen Farben hergestellt. Die Menschen lebten bis zur Mitte des 19. Jhs. erst recht, dann immer schlechter vom Flachsanbau und versuchten, jeden Faden oder Fetzen zu nutzen. Im Allgäu ging nichts verloren, man war sparsam, zunächst aus Not, heute aus Gewohnheit und zur Freude der Gäste, die ein Mitbringsel oder eine schöne Reiseerinnerung suchen.

> ALPEN SO WEIT DAS AUGE BLICKT

Im Oberallgäu finden Sie Bergidyllen wie aus dem Bilderbuch

> Die meisten Menschen, die ins Allgäu reisen, haben Bergidyllen vor ihrem inneren Auge. Sie wollen die Alpen erleben, zu Fuß, auf Skiern, mit dem Rad, und vor allem wollen sie diese möglichst dicht vor Fenster und Balkon ihres Urlaubsdomizils sehen. Tatsächlich verfügt die bayerische Region Oberallgäu über die beste touristische Infrastruktur des ganzen Allgäus. Die ersten Gäste, die hierhin in die Sommerfrische fuhren, kamen bereits Mitte des 19. Jhs. Kein Wunder: gurgelnde Bäche, steile Felswände, klare Bergseen, sattgrüne Alpenwiesen, schneebedeckte Gipfel – Idylle pur, damals wie heute. Was bleibt davon übrig, wenn in einem 4000-Seelen-Dorf jährlich 1 Mio. Gäste übernachten? Die Kunst der Allgäuer Fremdenverkehrspolitik bestand darin, die Touristenströme zuzulassen und anzulocken, ohne darüber Umweltschutz und Landschaftspflege zu vernachlässigen.

Bild: Alphornbläser auf dem Fellhorn

OBER ALLGÄU

BAD HINDELANG

[125 E6] **Mit 1 Mio. Übernachtungen von der Berghütte bis zum First-Class-Hotel und ebenso vielen Ausflugsgästen ist Bad Hindelang (5000 Ew., 820–1136 m) das wichtigste touristische Zentrum des Allgäus.** Die Bevölkerung lebt seit über 100 Jahren vom Fremdenverkehr. Die sechs Dörfer Bad Hindelang, Vorderhindelang, Bad Oberdorf, Hinterstein, Oberjoch und Unterjoch verteilen sich auf 140 km^2, etwa 85 Prozent der Fläche stehen unter Landschafts- oder Naturschutz. Die enorme ökologische Vielfalt wird von den rund 85 noch aktiven Bauern bewusst gepflegt. Freiwillig unterwarfen sie sich strengen landschaftsgärtnerischen Auflagen. Alle Produkte der heimischen Landwirtschaft vermarkten sie gemeinsam in einem

Insider Tipp zentralen Bauernmarkt im ehemaligen Postgebäude. Im wörtlichen Sinn aufatmen dürfen Asthmatiker und Allergiker: In den Höhenlagen von Bad Hindelang fehlen Beifuß- und Roggenpollen sowie Hausstaubmilben völlig, Gräserpollen liegen meist unter dem Schwellenwert, und Schimmelpilzsporen kommen nur in mini-

Unverkennbar Bayern: Lüftlmalerei an einer Hausfassade in Bad Hindelang

malen Konzentrationen vor. Vom sportorientierten Dorf Oberjoch führt serpentinenreich der ☀ Oberjochpass ins Tannheimer Tal nach Tirol.

◼ SEHENSWERTES

FRIEDENSHISTORISCHES MUSEUM

Das Friedensmuseum porträtiert Menschen von Antike bis Gegenwart, die vorbildlich für Frieden und Versöhnung eingetreten sind. *Mitte Juli–Mitte Sept. Di–So 15–18 Uhr und n. V. | Tel. 0821/51 78 30 oder 08324/379 | Eintritt frei | Bad Oberdorf | Hindelanger Str. 20*

HAMMERSCHMIEDEN

Im Ostrachtal bei Bad Oberdorf lebten die Menschen seit dem 15. Jh. vom Bergbau. Hier wurde das im Hintersteiner Tal gewonnene Erz zu Töpfen und Waffen verarbeitet. Heute entstehen am mit Wasserrädern angetriebenen Hammerwerk vor allem Pfannen. *Richard-Mahn-Str. | Anmeldung: Albert Scholl (Tel. 08324/581) oder Franz Scholl (Tel. 08324/12 30)*

KÄSEREI KEMATSRIED

Direktvermarktung mit Käsküche und Vorführungen. Weitere Alpkäsereien: *Alpe Laufbichl, Mitterhaus, Willersalpe. Alpe Kematsried über Oberjoch | Ornachstr. 33 | Tel. 08324/76 98*

KUTSCHENMUSEUM

Zauberhafte Inszenierung ländlichen Brauchtums. *Tgl. 8–20 Uhr | Eintritt frei | Hinterstein*

◼ ESSEN & TRINKEN

CHESA SCHNEIDER

Im *Romantikhotel Sonne,* gediegenes Ambiente, Schweizer, Allgäuer und internationale Spezialitäten für Feinschmecker. *Tgl. | Marktstr. 15 | Tel. 08324/89 70 | www.sonne-hindelang. de | €€*

CAFÉ MALI

Hausgemachte Kuchen und Brotzeiten, serviert in gemütlicher Holzstube mit bullerndem Ofen. *So–Fr 13.30–19 Uhr | Am Sohler 11 | Vorderhindelang | Tel. 08324/24 28 | www. cafe-mali-vorderhindelang.de | €€*

MOORHÜTTE

Zünftige Einkehr für Wanderer und Skiläufer. Im Winter mittwochs Hüttenabend. *Tgl. | Oberjoch | Tel. 08324/72 49 | €*

▮ EINKAUFEN

KUNSTHANDWERK

Kuhschellen in Bad Hindelang beim Schellenschmied *Benedikt Beßler (Gailenbergstr. 10 | Tel. 08324/ 28 68)* und bei *Wilhelm Beßler jun. in Bad Oberdorf (Hintersteiner Str. 28 | Tel. 08324/26 31).*

▮ ÜBERNACHTEN

ALPENHOTEL ❄ ☌

Exklusives Sport- und Kurhotel, angeschlossen ist eine Hochgebirgsklinik, die auf Atemwegs- und Hauterkrankungen sowie Allergien spezialisiert ist. *270 Zi. | Am Prinzenwald 3 | Oberjoch | Tel. 08324/70 90 | Fax 70 92 00 | www.alpenhotel-oberjoch. de, www.alpenklinik.de | €€€*

Schmied an der Esse: Traditionelles Handwerk erlebt vielerorts ein Revival

HOCHPASSHAUS AM ISELER ❄ ☌

Wie der Name sagt, liegt dieses Hotel im alpenländischen Stil am Weg zum Jochpass. Gutes Preis-Leistungs-Verhältnis. Mit Hallenbad und Sonnenterrasse. *21 Zi. | Iselerstr. 8 | Oberjoch | Tel. 08324/93 37 60 | Fax 933 76 50 | www.hochpasshaus.de | €–€€*

MARCO POLO HIGHLIGHTS

★ **Bergbahnen**
Auf Fellhorn und Nebelhorn schweben (Seite 51)

★ **Heini-Klopfer-Schanze**
Die Aussicht der Skiflieger genießen (Seite 48)

★ **Breitachklamm**
Wunder der Erdgeschichte in Oberstdorf (Seite 48)

★ **Allgäu-Museum**
Im kolossalen barocken Kornhaus in Kempten anschaulich präsentierte Allgäugeschichte – und danach ins Café (Seite 40)

★ **Heilbronner Weg**
Der spektakuläre Kammweg: Panorama pur auf 2500 m Höhe, ein Traum für alle Schwindelfreien (Seite 51)

DU-FAMILOTEL KRONE 🔊

Ideales Familienhotel, für seine Familienfreundlichkeit ausgezeichnet und mit Gütezeichen für Allergiker und Asthmatiker. *47 Zi. und Ferienwohnungen | Sorgschrofenstr. 2 | Unterjoch | Tel. 08324/98 20 10 | Fax 982 01 99 | www.bibi.de | €€–€€€*

PRINZ-LUITPOLD-BAD ❄

Grandhotel aus dem 19. Jh. in den Bergen; sehr gepflegte Bäderabteilung mit Moor und Schwefelquelle,

> ## ›LOW BUDGET
>
> › Eine Alternative zu den oft teuren Erlebnisparks ist der *Wasserweg (Eintritt frei)* in *Durach* bei Kempten: Er bietet Familien einen neuen, liebevoll zusammengestellten Parcours mit Hängebrücke, Wasserspielplatz, Naturtelefon, Baumhaus, Kletterseil etc.
>
> › Geführte *Kräuterwanderungen (Auskunft: Tel. 08303/423)* mit ausführlichen Erläuterungen gibt es in *Waltenhofen* ab Geratser Hof für nur 5 Euro.
>
> › Auf *Piratenfahrt* können Kinder auf dem *Alpsee* in Bühl gehen; sie werden auf dem Piratensegler von zwei Begleiterinnen betreut. Für Kinder zwischen sechs und zwölf Jahren ein Riesenerlebnis für nur 5 Euro.
>
> › Ein Handwerk früherer Zeiten können Sie immer montags in der *Hammerschmiede Wertach (im Sommer 16.30, sonst 16 Uhr)* kennenlernen, einer ehemaligen Waffenschmiede. Besucher erleben, wie die Handwerker früher gearbeitet haben. Das Ganze ist für Allgäu-Walser-Card-Inhaber kostenlos.

einziges Mineralwasser-Hallenbad in der Gegend. *112 Zi. | Bad Oberdorf | Tel. 08324/89 00 | Fax 89 03 79 | www.luitpoldbad.de | €€€*

■ FREIZEIT & SPORT ■

Großes, vielseitiges Wintersportgebiet mit drei Rodelbahnen, allen Loipenarten, vielen Liften, Sesselbahn zum Iseler, Achtergondel zum Imberger Horn (auch Sommerbetrieb zum Wandern): *www.bergbahnen-hindelang.de.* Im Sommer ein Wanderparadies (Infos im Internet: *www.bergschulen.de*): Der Deutsche Alpenverein unterhält zwei Dutzend Berggasthöfe, Hütten und Alpen. An der Hornbahn Hindelang bietet ein **Bikepark** *(www.bikepark-hindelang.de)* `Ins Ti`
17 km in vier Schwierigkeitsgraden mit 523 m Gefälle.

■ AUSKUNFT ■

– Am Bauernmarkt | 87541 Bad Hindelang | Tel. 08324/89 20 | Fax 80 55 | *www.bad-hindelang.de*
– Bad Oberdorf: Tel. 08324/351
– Vorderhindelang: *www.vorderhindelang.de*
– Hinterstein Tel. 08324/81 18 | *www.hinterstein.com*
– Oberjoch Tel. 08324/77 09 | *www.oberjoch.info.de*
– Unterjoch Tel. 08324/76 07 | *www.unterjoch.de*
– Schneetel. 08324/80 81

■ ZIEL IN DER UMGEBUNG ■

JUNGHOLZ   [125 F5]

Die österreichische 7-km²-Enklave mit den Ortsteilen Gießenschwand, Langenschwand und Habsbichl liegt 15 km nordöstlich auf 1058 m. Sie zählt etwa 300 Ew., 1000 Gästebetten, einen Wintercampingplatz und drei Bankfilialen. Der einzige Weg direkt ins Mutterland führt über den ❊ Sorgschrofen (1635 m). Auf Wanderungen oder nach dem Skilaufen gern besucht wird die *Schrofen-Hütte (im Sommer Mi geschl. | Jungholz 111 | Tel. 0043/5676/82 12 | €)*.

FISCHEN

[129 D2–3] Der heilklimatische Kurort im oberen Illertal (761 m, 2900 Ew.), einst ein Zentrum der Flachs- und Leinenweberei, ist Sitz der Verwaltungsgemeinschaft Hörnergruppe mit den Gemeinden Ofterschwang, Bolsterlang, Obermaiselstein und Balder-

Auch abschüssiges Terrain muss bearbeitet werden: Bergwiese bei Fischen

Energie tanken kann man im ❊ *Vital-Hotel Tirol (86 Zi. | Tel. 0043/ 5676/81 05 | Fax 82 10 | www.tisco ver.at/vitalhoteltirol | €€€)*. Sechs Lifte führen zu den Pisten des Sorgschrofengebiets. Auskunft: *Tourismusverband im Gemeindehaus | 87491 Jungholz (Post aus Österreich: 6691) | Tel. 0043/5676/81 20 | Fax 82 87 | www.jungholz.com*

schwang. Von Obermaiselstein führt die Riedbergpassstraße, die höchste Alpenstraße Deutschlands (1420 m), ins „Bayrisch Sibirien" genannte Bergbauerndorf Balderschwang.

■ SEHENSWERTES ■

ILLER

Alles fließt: Zwischen Fischen und Oberstdorf vereinigen sich Trettach,

Stillach und Breitach zur Iller, die bei Ulm in die Donau mündet. Ein wasserwirtschaftlicher Lehrwanderweg für Spaziergänger und Radler führt 5 km am östlichen Illerufer Richtung Sonthofen an Biotopen und 15 Schautafeln entlang.

STURMANNSHÖHLE

Durch diese einzige begehbare Naturhöhle des Allgäus, entstanden vor etwa 2 Mio. Jahren, pilgern jährlich rund 50 000 Menschen. Über 180 Stufen steigt man hinab zu einem tosenden Bach. Gehzeit von Obermaiselstein 30 Minuten, Wassertemperatur: ca. 4 Grad. *Jan.–April tgl. 11–16, Mai–Okt. 9.30–16.30 Uhr | www. sturmannshoehle.de | 3 Euro*

◼ ESSEN & TRINKEN ◼
BURGLHÜTTE

Das beliebte Ausflugsziel für Wanderer und Biker von Balderschwang aus Richtung Sibratsgfäll (1420 m) gehört schon zum österreichischen Hittisau im Bregenzerwald. Deftige Jause, nach Voranmeldung auch Käsespätzle oder Älplerfrühstück zum Sonnenaufgang. *Mitte Mai–Anfang Nov. Do geschl. | Tel. 08328/92 40 55 | €*

GASTHOF RESTAURANT KRONE

Oberallgäuer Traditionsgasthaus mit Fischspezialitäten, aber auch Bodenständigem wie Brathering, Bauernsülze oder Gulasch vom Weiderind des Haslachhofs Adelharz. Auch elf Gästezimmer. *Mo geschl. | Auf der Insel 1 | Tel. 08326/287 | www.krone-fischen.de | €€*

◼ ÜBERNACHTEN ◼
BERWANGER HOF

Am Ortsende von Obermaiselstein reizvoll am Hang, mit zwei Dependancen nebenan: *Gästehaus beim Heuwirt* (auch Restaurant) und *Landhaus Berwangen* mit Wellnessangeboten von Heubett bis zum orientalischen Bad. *25 Zi. | Niederdorf 11 | Tel. 08326/363 30 | Fax 36 33 36 | www.berwangerhof.de | €€*

Besuch in der Unterwelt: Über 180 Stufen geht es hinab in die Sturmannshöhle

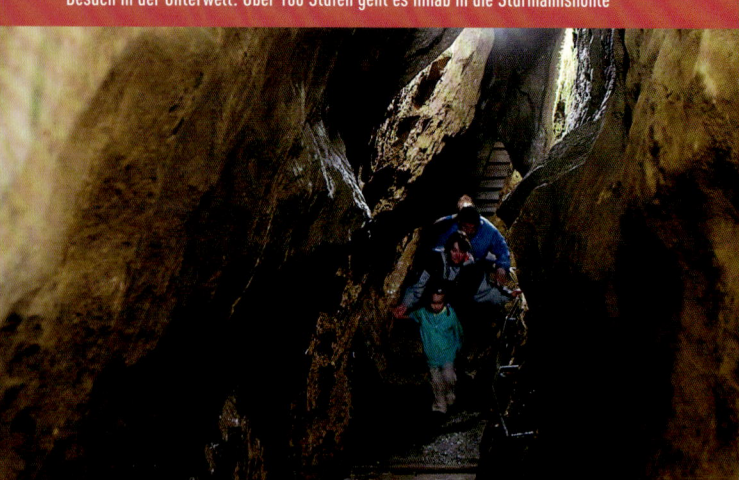

HOTEL & RESORT SONNENALP ❄

Das Verwöhnhotel schlechthin, Luxus pur mit Golf, Tennis, Reiten, musischen Wochen und anderen Highlights sowie 2000 m² Fläche für Gesundheit und Schönheit. *209 Zi. | Ofterschwang | Schweineberg 10 | Tel. 08321/27 20 | Fax 27 22 42 | www.sonnenalp.de | €€€*

SONNENBICHL HOTEL AM ROTFISCHBACH

Idyllisch an Südhang gelegenes Golf- und Sporthotel im Landhausstil, angeschlossen ist das „Vitaldörfle" Birkenhang mit Hallenbad und Sauna auch für externe Badegäste. *54 Zi. | Langenwang | Sägestr. 19 | Tel. 08326/99 40 | Fax 99 41 80 | www.hotel-sonnenbichl.com | €€ – €€€*

■ FREIZEIT & SPORT

Reitschule Gentner in der *Reitanlage Muderbolz (www.rvo-muderbolz.de | Tel. 08321/55 58),* Kanufahren auf der Iller. „Kleeblatt"-Wanderführer mit 100 Wanderstrecken im Verkehrsamt Balderschwang. Mountainbiketouren verschiedener Schwierigkeitsgrade. Im Winter Pferdeschlittenfahrten in Ofterschwang *(Tel. 08321/38 41 und 49 34),* Skigebiete Ofterschwanger Horn (Weltcupexpress, Gipfellift), Grasgehren und Riedbergpass *(Info Tel. 08326/277),* am Weiherkopf in Bolsterlang (Hörnerbahn). Besonders schneesicher ist es in Balderschwang. Für Langläufer gibt es überall hervorragende Loipen (flache ▶▶ Nachtloipe in Fischen), für Anfänger und Kinder sind die Familienlifte geeignet. Und der „Hörner-Schneepass" gilt für fünf Skigebiete.

■ AUSKUNFT

– *Am Anger 15 | 87538 Fischen | Tel. 08326/364 60 | Fax 36 46 56 | www.fischen.de*

– Langenwang: *Tel. 08326/18 21*

– Obermaiselstein: *Am Scheid 18 | Tel. 08326/277 | Fax 94 08 | www.obermaiselstein.de*

– Bolsterlang: *Im Rathaus | Tel. 08326/83 14 | Fax 94 06 | www.bolsterlang.de*

– Balderschwang: *Haus Nr. 16 | Tel. 08328/10 56 | Fax 265 | www.balderschwang.de*

– Ofterschwang: *Rathaus Sigishofen | Tel. 08321/890 19 | Fax 897 77 | www.ofterschwang.de*

IMMENSTADT

[124 C5] **Wasser, Wiesen, Fabriken: Das an Iller, Ach und Steigbach gelegene Immenstadt (14 000 Ew., 728–1037 m) vereinigt markante Gegensätze von Ländlichkeit und Industrialisierung auf 82 km² Fläche, zu denen die Ortsteile Akams, Knottenried-Diepolz, Rauhenzell, Stein, Eckarts und Bühl am Alpsee gehören.** In einem engen Tal liegt lang gestreckt zu Füßen steil ansteigender Wiesen der eiskalte Alpsee. Als einzige Stadt Deutschlands pflegt die Stadt ihre Viehscheidtradtion des alljährlichen Almabtriebs. Seit 1946 sind die ursprünglich sudetendeutschen Strumpfwerke Kunert hier ansässig.

■ SEHENSWERTES
BURGRUINEN

Aus dem Mittelalter blieben mehrere Burgruinen erhalten: *Laubenbergerstein, Rothenfels* und *Hugofels, Rauhlaubenberg, Werdenstein* und der Burgstall *Alt-Wörthenstein.*

MUSEUM HOFMÜHLE

Die ehemals gräfliche Hofmühle mit mehr als 1000 m² Ausstellungsfläche zur Stadtgeschichte erhielt den Schwäbischen Museumspreis. Besonders sehenswert ist die kinderfreundlich aufbereitete Abteilung „Immenstadt im Industriezeitalter" mit einer historischen Textilmaschine, einem Industrieroboter und anderen funktionsfähigen Exponaten. *Mi–So 14–17 Uhr | 2 Euro | An der Ach 14 | www.immen stadt.com/hofmuehle*

◼ ESSEN & TRINKEN ◼◼◼

HOTEL BERGSTÄTTER HOF ☼

Schlemmen in rustikal-gepflegtem Ambiente, schöne Lage. *Di-Mittag und Mo geschl. | Knottenried | Tel. 08323/92 30 | Fax 923 46 | www.bergstaetter-hof.de | €€*

RASTHAUS AM MITTAG

In der Hütte und auf der Sonnenterrasse auf halber Höhe (1150 m) des Mittagbergs bekommen Sie Deftiges wie Leberkäs aus Hausschlachtung oder Tellersülz. An kalten Tagen große Auswahl heißer Getränke: Hüttenbrenner, Koboldtrank, Wichtelpunsch … *Mittelstation der Schwebebahn | Tel. 08323/87 90 | €*

◼ EINKAUFEN ◼◼◼◼

FLASCHENGEIST

Kleine Oase für Kenner und Genießer von edlem Hochprozentigem; außerdem verkauft Christoph Blees Wein, Öl, Essig und dazu passende Gefäße. *Bahnhofstr. 25*

METZGEREI REHLE

Von der Zeitschrift „essen & trinken" zur besten (und teuersten) Metzgerei im Land gekürt. Ob Wienerle, „Geschwollene" (Bratwürste), Weißwürste, Brät- und Leberknödel oder Leberkäs sowie geräucherte Spezialitäten – hier lässt sich Proviant satt holen. *Marienplatz 15*

Strandbad Großer oder beheiztes Freibad Kleiner Alpsee: In Immenstadt haben Sie die Wahl

■ ÜBERNACHTEN

TERRASSENHOTEL ROTHENFELS ❊ 📶
Am Südhang mit Blick über den Alpsee und Bergsicht, viele Zimmer mit Balkon. *31 Zi. | Missener Str. 60 | Bühl | Tel. 08323/91 90 | Fax 91 91 91 | www.hotel-rothenfels.de | €€*

HOTEL GASTHOF DREI KÖNIG 📶
Wer das Auto gern stehen lässt, wohnt hier mitten in der Fußgängerzone ideal und dennoch ruhig. Freundlicher Service, Parkplätze, im Restaurant vegetarische Gerichte. *11 Zi. | Marienplatz 11 | Tel. 08323/ 86 28 | Fax 86 82 | www.drei-koenig. de | €*

■ FREIZEIT & SPORT

Zum Bergwandern am Mittagberg (1452 m) können Sie mit der längsten Sesselbahn Deutschlands (2300 m) fahren. Schwimmen und Wassersport im bis zum Sonnenuntergang geöffneten *Strandbad Hauser (Tel.*

08323/63 41) am Großen Alpsee; Alternative: das beheizte *Freibad (Tel. 08323/87 20)* am Kleinen Alpsee (Natursee und drei große Becken, sehr kinderfreundlich) oder das *Städtische Hallenbad (Tel. 08323/983 36)* im Auwald-Sportzentrum. Seerundfahrt ab Bühler Hafen auf der *Alpsee-Lädine Santa Maria Loreto (Anmeldung: Wassersportschule Oberallgäu | Tel. 08323/522 00 | 6 Euro/Std.),* einem original nachgebauten historischen Lastsegelschiff. In der *Alpsee-Bergwelt (www.alpsee-bergwelt.de)* im Ortsteil Ratholz können Sie Wintersportfreuden genießen – mit einer 2800 m langen Rodelbahn, Skifahren auf zwei Bergen, Wandern auf Panoramahöhe.

Insider Tipp

■ AUSKUNFT

– *Marienplatz 12 | 87509 Immenstadt | Tel. 08323/91 41 76 | Fax 91 41 95 | www.immenstadt.de*
– *Bühl | Seestr. 5 | Tel. 08323/ 91 41 78 | Fax 89 96*

KEMPTEN

▨▨ **KARTE IN DER HINTEREN UMSCHLAGKLAPPE**

[125 D2] **Kempten an der Iller (646–915 m) ist die größte Stadt des Allgäus und die älteste beurkundete Stadt Deutschlands (18 v. Chr.).** Schlendert man durchs Zentrum, zeigt sich Kempten (65 000 Ew.) als quirlige, junge Einkaufsstadt mit lebhafter Kultur in den Kulissen einer gepflegten Bautradition mit modernen Akzenten.

Jahrhundertelang rivalisierten (teils blutig) die bürgerlich-weltlichen Kräfte der freien Reichsstadt mit den fürstäbtlich regierten klerikalen Oberen der Stiftsstadt. Davon zeugt die Baugeschichte, zu sehen bei einem Spaziergang vom St.-Mang-Platz mit der gotischen Kirche St. Mang über den Rathausplatz mit dem dekorativen Treppengiebel- und Zwiebelturm-Rathaus (beachten Sie die Fassadenfigur des Trompetenmännle) bis zum Stiftsplatz mit der barocken St.-Lorenz-Basilika nahe von Residenz und Marstall.

■ SEHENSWERTES ■

ALLGÄU-MUSEUM ★

Im ehemaligen Kornhaus (um 1700), einem monumentalen Barockbau, errichtete die Stadt ein anschaulich gestaltetes Museum mit farbenprächtigen Beispielen aus ländlichem und städtischem Allgäualltag bei Arbeit und Freizeit vergangener Zeiten. Unter den Gewölben serviert das *Café Arte (Mo geschl.)* hausgemachten Kuchen und hervorragenden Kaffee; im Sommer Bewirtung auf dem Kornhausplatz. *Di–So 10–16 Uhr | 2,50 Euro | Großer Kornhausplatz 1 | www.allgaeu-museum.de*

ALPINMUSEUM UND ALPENLÄNDISCHE GALERIE

Zweigstelle des Bayerischen Nationalmuseums, ein Muss für Bergwanderer und Skiläufer: Es geht um die Geschichte der Alpen als Lebensraum, um die Entwicklung des Alpinismus, um berühmte Bergsteiger und um Wintersportgeräte. *März–Dez. Di–So 10–16 Uhr | 2,50 Euro | Landwehrstr. 4*

ARCHÄOLOGISCHER PARK CAMBODUNUM (APC) ☼

Einmalig im Nordalpenraum: Nach über 100 Jahren Ausgrabungen wurden viele Funde aus der antiken Römersiedlung Cambodunum (1. Jh.) konserviert und als Park zugänglich gemacht. *Mitte März–Dez. Di–So 10–17 (Winter 16.30) Uhr | 3 Euro | kostenlose Führung So 11 Uhr | Kinderführungen, im Sommer Liveshows | Cambodunumweg 3*

RESIDENZPLATZ

Am Residenzplatz steht eins der schönsten Bürgerhäuser der Stadt, das klassizistische Zumsteinhaus. Lassen Sie sich eine Führung (alle 45 Minuten ab Eingang Westseite) durch die Prunkräume der Fürstäbtlichen Residenz nicht entgehen! *April–Sept. Di–So 9–16, Okt. 10–16, Nov.–März Sa 10–16 Uhr | 2 Euro | Residenzplatz 4/6 | Tel. 08378/12 84*

STADTFÜHRUNGEN

Kostenlose Stadtführung Sa 11 Uhr, Treffpunkt Burgstr., Aufgang zur Burghalde, Kinderstadtführung Mai bis Okt. jeden 2. Sa im Monat 11 Uhr, Abendführung April–Okt. jeden 1. Mi im Monat 19 Uhr (Nov./Dez. 18 Uhr), Treffpunkt Hauptportal St. Lorenz

■ ESSEN & TRINKEN ■

HAUBENSCHLOSS

Elegantes Restaurantcafé mit wechselnder internationaler und regionaler Karte in einem ehemaligen Landschlösschen. Gartenterrasse. *Mo/Di geschl. | Haubenschlossstr. 37 | Tel. 0831/235 10 | www.haubenschloss-ke.de | €€€*

MYLORD

Gemütlicher Italiener mit anspruchsvollem Ambiente und gehobener Küche. *Tgl.* | *Kotterner Str. 72* | *Tel. 0831/ 283 74* | *www.mylord.de* | €€ – €€€

OSTERIA ANTICA

Italienische Spezialitäten im *Land-hotel Hirsch,* besonders empfehlens-wert sind die saisonal variierenden piemontesischen Vorspeisen. Im Sommer Biergarten. *Außer Fr–So*

TABERNA

Bistro direkt am Haupteingang zum gallorömischen Tempelbezirk des Archäologischen Parks. Leckereien nach original römischen Rezepten, z.B. lukanische Würste oder *crustu-lum* (Honiglebkuchen mit antikem Bildmotiv), dazu *vinum conditum* (Würzwein). Auf Vorbestellung *cena*

Prunkvolle Rokokoverzierungen der Fürstäbtlichen Residenz aus dem 17. Jh.

mittags geschl. | *Lenzfrieder Str. 55* | *Tel. 0831/57 40 00* | *www.hirsch-kemp ten.de* | €€ – €€€

SCHLOTTMANNS

Michael und Peggy Schlottmann ver-wenden in ihrer Küche regionale Produkte, setzen aber auch dezente mediterrane und asiatische Akzente. Elegantes Ambiente. *Mo geschl.* | *Mo-zartstr. 8* | *Tel. 0831/512 83 32* | €€€

romana (ab zehn Personen, komplet-tes Essen nach Römerart). *Abends und Mo geschl.* | *Tel. 0831/797 31* | €– €€

EINKAUFEN

FORUM ALLGÄU

Shoppingmagnet des Oberallgäus: 90 Dienstleister und Fachgeschäfte bie-ten auf drei Ebenen im Zentrum am August-Fischer-Platz ihre Waren an.

KEMPTEN

Insider Tipp **JAMEI**
Thomas Breckle führt den kleinen Käseladen mit großer Hingabe. Er bietet ausschließlich Käse an, der schon 16 Monate gereift ist. Außerdem wäscht er seinen Käse einmal pro Woche mit Wasser und Weißwein. *Nur Fr 14–18 und Sa 8–13 Uhr | Salzstr. 33*

ÜBERNACHTEN

BAYERISCHER HOF
Übernachten in stilvollem Haus, nur vier Gehminuten zum zentralen Rathausplatz. Eines von zwei Viersternehotels der Stadt. *48 Zi., 3 Suiten | Füssenerstr. 96 | Tel. 0831/ 571 80 | Fax 571 81 00, www.bayerischerhof-kempten.de* | €€–€€€

FÜRSTENHOF
Ein alter Patrizierpalast, in dem einst gekrönte Hohenstaufer und Habsburger abstiegen. Das imposante Gebäude Londoner Hof mit Rokokofassade gehört ebenfalls dazu. Geräumige Zimmer im altenglischen Stil. *56 Zi. | Rathausplatz 8 | Tel. 0831/ 253 60 | Fax 253 61 20 | www.fuerstenhof-kempten.de* | €–€€

PARK-HOTEL
Wenn schon Stadt, dann richtig: im Hochhaus und absolut zentral, große Zimmer, alle mit kleinem Wintergarten. Im 13. Stock *Caférestaurant Skyline* (Insider Tipp) mit weitem Panoramablick über das Allgäu (auch Außenaufzug). *42 Zi. | Bahnhofstr. 1 | Tel. 0831/ 252 75 | Fax 252 77 77 | www.parkhotel-kempten.de* | €€

PETERHOF
Gepflegtes Mittelklassehotel mit Restaurant in Zentrumsnähe, das vor allem mit freundlichem Service und reichhaltigem Frühstücksbuffet punktet. *51 Zi. | Salzstr. 1 | Tel. 0831/ 52440 | Fax 524 42 00 | www.hotelpeterhof.de* | €€

Mit Zwiebelturm und markantem Treppengiebel: das Rathaus in Kempten

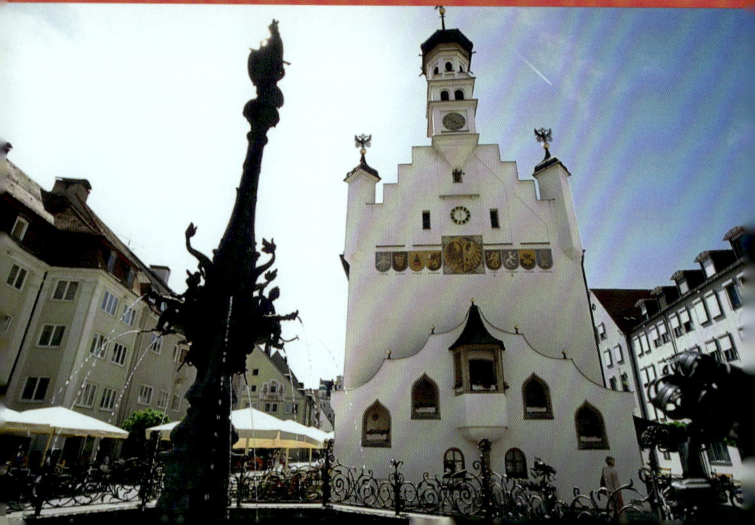

OBERALLGÄU

FREIZEIT & SPORT

Großes *Erlebnisbad Cambomare (Mo–Fr 10–22, Sa/So 9–21 Uhr | Aybühlweg 58 | www.cambomare.de)* neben dem städtischen Freibad. 700-m²-Außenkletterwand mit 350 Sicherungspunkten im *Landschaftspark Engelhalde (tgl. 9–22 Uhr | 8 Euro | Lenzfrieder Str./Schumacherring).*

AM ABEND

LOBBY ▶▶

Szenelokal mitten in der Fußgängerzone, namhafte DJs der Region legen regelmäßig auf. *So geschl. | Klostersteige 15 | www.die-lobby.com*

PARKTHEATER ▶▶

Angesagter Club, dreimal in der Woche Partys, Konzerte und gute Stimmung bis in die frühen Morgenstunden. *Mi, Fr, Sa ab 22 Uhr | Linggstr. 2 | www.parktheater-kempten.de*

STADTTHEATER

Das renovierte und neu strukturierte Stadttheater bietet ein umfangreiches Programm mit Gastspielen und klassischen Konzerten. *Theaterstr. 4 | Tel. 0831/960 78 80*

AUSKUNFT

Rathausplatz 24 | 87435 Kempten | Tel. 0831/252 52 37 | Fax 252 54 27 | www.kempten.de

ZIELE IN DER UMGEBUNG

ALTUSRIED   [124 C1]

Altusried (9000 Ew.) 15 km nordwestlich von Kempten ist Mittelpunkt einer bäuerlichen Landschaft mit den Dörfern Frauenzell, Muthmannshofen, Kimratshofen und

Krugzell (630–950 m). An der ☆ *Burgruine Kalden* Aussicht auf den Illerdurchbruch. Altusried lebt von seinem Ruf als Open-Air-Schauplatz für Theater, Operette und Musical. Seit 120 Jahren wird hier Theater gespielt. Günstig und dennoch anspruchsvoll essen können Sie *Im Haasenstall (Mo und außer So mittags geschl. | Dorfstr. 16 | Frauenzell | Tel. 08373/98 71 40 | www.im haasenstall.de | €).* Auskunft: *Hauptstr. 18 | 87452 Altusried | Tel. 08373/70 51 | Fax 70 54 | www.altusried.de*

BUCHENBERG   [124–125 C–D3]

Der Luftkurort (4000 Ew.) 8 km südwestlich auf ungefähr 900 m Höhe bietet ländlichen Urlaub in 52 Weilern oder Einöden. Einkehren und wohnen können Sie im bayrisch-rustikalen *Haase's Gasthof Adler (22 Zi. | im Winter Mo geschl. | Lindauer Str. 15 | Tel. 08378/920 10 | Fax 75 91 | €),* im ☆ *Adlib-Hotel & Cubes* mit Swimmingpool, Wellnessbereich und Loipe sowie ausgezeichneter Küche *(36 Zi. | Hölzlers 169 | Tel. 08378/940 50 | Fax 94 05 20 | www.feel-ad lib.de | €€)* oder im großzügigen *Landhotel Sommerau* im Naturpark *(38 Zi. | Eschacher Str. 35 | Sommerau | Tel. 08378/94 09 30 | Fax 940 93 55 | €€).* Ein Radweg führt über die alte Bahnstrecke Kempten–Isny.

WEITNAU/MISSEN-WILHAMS   [124 B4]

Zu diesen gemeinsam verwalteten Gemeinden (zusammen 6400 Ew.), in denen sich viele reizvolle Dorfkirchen und Kapellen befinden, zählen 16 Ortschaften und viele Weiler auf 100 km² zwischen den Höhenzügen des Hauchenberges, Schwarzem Grat und Thaler Höhe. Einkehren können Sie im Berggasthof Schrofenalp (Mo bis Mi geschl. | Missen-Wilhams 20 | Tel. 08320/10 96 | €) mit Sonnenterrasse, durchgehend warmer Küche, im Winter Liftbetrieb und Loipen. Auskunft: Hoheneggstr. 35 | Tel. 08375/92 02 41 | www.weitnau.de | www.missen-wilhams.de

WIGGENSBACH [124 C2]

Zu dieser an Finanzkraft und Infrastruktur reichen, aber ganz ländlich geprägten Gemeinde (4600 Ew.) auf 850 bis 1077 m an der Grenze zum Unterallgäu gehören die Ortsteile Ermengerst und Westenried und sage und schreibe 72 Weiler. Einkehren können Sie gut im rustikal-gehobenen Caférestaurant ▶▶ Gasthof zum Kapitel (Mi geschl. | Marktplatz 5 | Tel. 08370/206 | €€) oder im Hotel Goldenes Kreuz (24 Zi. | Marktplatz 1 | Tel. 08370/80 90 | Fax 809 49 | www. hotel-goldenes-kreuz.de | €€), einem Fachwerkbau von 1732. Spezialität im Restaurant sind die Krautkrapfen.

Etwa 2 km nordwestlich von Wiggensbach befindet sich die Hofkäserei Haggenmüller (Di–Fr 10–12 und 15–17.30, Sa 10–12.30 Uhr | Schwarzachen 2) mit großer Auswahl an seltenen Sorten sowie handgemachtem Joghurt und Quark. Zusehen beim Käsen ist möglich. Eine schöne, sehr kinderfreundliche Adresse zum Übernachten ist das *Insider Tipp* Hofgut Kürnach (72 Zi. und Apartments | Unterkürnach | Tel. 08370/80 70 | Fax 186 39 | www.hofgut-kuernach.de | €€), die ehemalige Jagd- und Sommerresidenz der Kemptener Fürstäbte in einsamer Lage im Kür-

nachtal unmittelbar am Waldrand, mit Streichelzoo und Hallenbad.

Auskunft: Kempter Str. 3 | 87487 Wiggensbach | Tel. 08370/84 35 | Fax 379 | www.wiggensbach.de

KLEIN-WALSERTAL

[128 B–C 4–5] Ein geografisches Kuriosum: Die Bewohner des Kleinwalsertals – Gemeinde Mittelberg mit Riezlern und Hirschegg – können ihr Heimatland Österreich nur über den Umweg Deutschland erreichen, die deutschen Touristen dagegen fühlen sich fast wie zu Hause. Die Enklave (5500 Ew.) des Alpenstaats ist ein Lieblingsziel vieler Urlauber (ca. 2 Mio. Übernachtungen) und besonders beliebt bei Familien. Alpinski, Langlauf, Rodeln und Wandern – alles bestens zu Füßen und an den Hängen von Kanzelwand (2059 m), Ifen (2230 m) und Walmendingerhorn (1993 m). Ein 150 km langes Wegenetz lädt ein zu Wander-, Berg-, Kletter- und Hüttentouren. Wer in einem der Kleinwalserorte Logis nimmt, erhält die attraktive Allgäu-Walser-Card (5 Euro Pfand) mit vielen Vergünstigungen.

■ SEHENSWERTES

SKIMUSEUM

Sehenswerte Ausstellung über die Anfänge und Entwicklung des alpinen Skilaufs seit 1905. Mo–Sa 8 bis 17.30, So 8–16 Uhr | Eintritt frei | Walserhaus Hirschegg | Walserstr. 64

WALSER-MUSEUM

Wertvolle Stücke aus der Geschichte des Walsertals, erweitert um Wohn-

Holz ist Trumpf: typisches Walserhaus in Mittelberg im Kleinwalsertal

kultur und Originalalphütte. *Mo–Sa 14–17 Uhr | 2 Euro | im Verkehrsamt Riezlern | Walserstr. 54*

ESSEN & TRINKEN

ALMHOF RUPP
Für Gourmets, leichte Küche, guter Service, vielfach ausgezeichnet. *Mo, im Sommer auch mittags geschl. | Walserstr. 83 | Riezlern | Tel. 0043/ 5517/50 04 | www.almhof-rupp.de | €€–€€€*

SCHARNAGL'S ALPENHOF
Für Wanderer genauso interessant wie für Feinschmecker, die von Jürgen Scharnagls kulinarischen Auszeichnungen gehört haben. *Do-Mittag und Mi geschl. | Zwerwaldstr. 28 | Riezlern | Tel. 0043/5517/52 76 | www.scharnagls.de | €€*

BERGGASTHOF SCHWABENHÜTTE
Urige Stube, Sonnenterrasse, Holzkohlengrill, Bauernbuffet, Wildgerichte. Hüttenabende und Gruppenübernachtungen auf Vorbestellung. *Abends und Mi geschl. | Nebenwasser 15 | Hirschegg | Tel. 0043/5517/ 56 54 | €*

ÜBERNACHTEN

HOTEL ALTE KRONE
Die 200 Jahre alte Posthalterei liegt mitten im Ort nahe der Walserbus-Haltestelle. Komfortabel, rustikal, regionale Küche. *49 Zi. | Walserstr. 87 | Mittelberg | Tel. 0043/5517/ 572 80 | Fax 31 57 | www.alte-krone. com | €€*

GASTHOF SONNENBURG
Gemütliches Haus in schöner Umgebung, Bus hält vor der Tür. Pauschalangebote für Motorradfahrer mit Unterstellmöglichkeit. *12 Zi. | Außerschwende 21 | Riezlern | Tel. 0043/ 5517/52 51 | Fax 52 51 10 | www. gasthof-sonnenburg.de | €*

BERGBAHNEN

Vier Bahnen stehen zur Wahl: Kanzelwandbahn (Sechsergondeln) in Riezlern, Walmendingerhornbahn (Großkabine) in Mittelberg, Sesselbahn Zaferna in Mittelberg, Doppelsesselbahn Ifen in Hirschegg.

■ AUSKUNFT

Im Walserhaus | Walserstr. 64 | 87568 Hirschegg (von Österreich 6992) | Tel. 0043/5517/511 40 | Fax 51 14 21 | Filialen in Riezlern und Mittelberg | www.kleinwalsertal.de

OBERSTAUFEN

[124 A5] **Wer Oberstaufen sagt, denkt meist nicht an ein 1100 Jahre altes Dorf mit 7200 Seelen, sondern an Schrothkur, Klimakur, Golfparadies oder einen der 800 Hotel- und Gastronomiebetriebe (darunter ca. 100 für Schrothkuren).** In Thalkirchdorf und weiteren Ortschaften an der Deutschen Alpenstraße, im Bergdorf Steibis (861 m) in Aach, in den Nachbardörfern Weißach und Kalzhofen sowie rund 60 Weilern und Einöden findet man noch dörfliches Leben.

■ SEHENSWERTES

HEIMATMUSEUM BEIM STRUMPFAR

Ehemalige Strumpfwirkerei mit Volkskunst, Trachtenpuppen, Handwerkstechniken und Brennerei sowie Mosterei im Keller. *Jan.–Okt. So 10 bis 12, Mi und Fr 15–17 Uhr | 2,50 Euro | Jugetweg 10*

ST. BARTHOLOMÄUS IN ZELL

Die Anfänge dieser gotischen Kapelle werden bis auf die ersten Missionare zurückgeführt; die heutige Form stammt aus dem Jahr 1440. Bedeutend sind die Wandmalereien des Memmingers Hans Strigel und die drei Altäre.

■ ESSEN & TRINKEN

ALTSTAUFNER EINKEHR

Ein Muss, sehr urig. Reservieren! Im Winter So Frühschoppen. *Mo und* außer *So mittags geschl. | Bahnhofstr. 4 | Tel. 08386/71 93 | €€*

BAYERISCHER HOF 🔊

Gemütliche *Bürgerstube* innerhalb des Kur- und Sporthotels im Zentrum, vegetarische Speisekarte und ausgefallene Gerichte. *Mi-Mittag und Di geschl. | Hochgratstr. 2 | Tel. 08386/49 50 |* www.bayer-hof.de *| €€–€€€*

BOOKS BÜCHER & CAFÉ

Insider Tip

Buchhändler Karl-Ludwig Maier eröffnete neben dem Buchladen ein Literaturcafé mit vegetarischem Mittagstisch, in dem die Gäste italienischen Kaffee schlürfen und in Neuerscheinungen und internationalen Zeitungen schmökern können. *Mo bis Fr 9.30–21, Sa 10–18 Uhr | Hugo-von-Königsegg-Str. 12 | Tel. 08386/24 69 |* www.bookscafe.de

POSTTÜRMLE

Winziges Gourmetrestaurant, gekocht wird mit Zutaten von heimischen Gärtnern, Bauern, Jägern. Guter Weinkeller. Reservieren! *Mittags und Di geschl. | Bahnhofsplatz 4 | Tel. 08386/74 12 | €€*

■ EINKAUFEN

ALLGÄUER HANDWEBEREIEN ARNFRIED HENSE & CO.

In einer der letzten Handwebereien Deutschlands werden Teppiche aus Schurwolle hergestellt. *Salzstr. 7–11 | Thalkirchdorf |* www.aht-teppiche.de

■ ÜBERNACHTEN

HOTEL ZUM ADLER 🔊

Das gemütliche historische Haus bietet auch eine ansprechende Küche. *31 Zi. | Kirchplatz 6 | Tel. 08386/*

932 10 | Fax 47 63 | *www.adler-ober staufen.de* | €

BERGKRISTALL ❄ 📶
In exponierter Lage werden Sie hier mit Wellnessprogrammen und ambitionierter Küche verwöhnt. *33 Zi. | Willis 8 | Tel. 08386/91 10 | Fax 91 11 50 | www.bergkristall.de* | €€€

EVVIVA! 📶
Das Hotel des Fußballers Karl-Heinz Riedle besticht durch seine schnörkellose Aufmachung. Mit eigenem Jugendtrakt, Kinderferienangeboten und *Socceracademy. 31 Zi. | Kalzhofer Str. 30 | Tel. 08386/932 90 | Fax 93 29 29 | www.evviva.de* | €€€

HAUBERS LANDHAUS & GUTSHOF
Familiär geführtes Landhaus in Traumlage am Südhang mit Blick auf die Berge. Beheiztes Außenbecken, Heilfasten, Schrothkur, Trennkost. Ambitionierte Küche. *73 Zi. | Meerau 34 | Kalzhofen | Tel. 08386/ 933 05 | Fax 93 30 10 | www.hauberhotels.de* | €€ – €€€

RINGHOTEL TRAUBE
Dörflich und kuschelig in einem denkmalgeschützten Fachwerkhaus. Sehr gute, saisongebundene Küche. *28 Zi. | Kirchdorfer Str. 12 | Thalkirchdorf | Tel. 08325/92 00 | Fax 920 39 | www.traube-thalkirchdorf. de* | €€

■ FREIZEIT & SPORT
Panoramabad *Aquaria (tgl. 9–22 Uhr | Alpenstr. 5).* Bus zur ❄ Alpe Hörmoos *(Mai–Okt.).* Ski- und Wandergebiete Hochgrat, Imberg/Fluh, Hündleskopf, 28 Aufstiegshilfen.

An die große Glocke gehängt: herbstliche Viehscheid bei Oberstaufen

▄ BERGBAHNEN ▄

Vier-Personen-Kabinenbahn zum Hochgrat; Imberg-Sesselbahn in Steibis; Hündlealpbahn. Vom Bahnhof Oberstaufen über Steibis zur Talstation in Lanzenbach und zur Imberg-Sesselbahn sechsmal tgl. Busverkehr.

▄ AUSKUNFT ▄

– *Haus des Gastes | Hugo-von-Königsegg-Str. 8 | 87534 Oberstaufen | Tel. 08386/930 00 | Fax 93 00 20 | www.oberstaufen.de*
– *Außenstelle Steibis | Tel. 08386/81 03 | Fax 86 79 | www.steibis.de*
– *Außenstelle Thalkirchdorf | Tel. 08325/97 60 | www.thalkirchdorf.de*

▄ ZIEL IN DER UMGEBUNG ▄

STIEFENHOFEN [124 A4]

Das 5 km nördlich gelegene „Kräuterdorf" (1600 Ew.) bietet sich als erholsamer Standort an. Ein Kranz von Kapellen umschließt die 20 Ortschaften – die bekannteste ist die *St.-Stefans-Kapelle* in Genhofen. Regionale Küche gibt es im *Landgasthof Rössle (Hauptstr. 14 | Tel. 08383/920 90 | www.roessle.net | €€)* beim „Kräuterwirt" mit Fisch und Spezialitäten vom Allgäuer Bergwiesenheu. Kräuterlehrgarten und attraktive Kinderspielecke, Biergarten, Übernachtungsmöglichkeit in zehn Zimmern. Auskunft: *Am Dorfbach 2 | 88167 Stiefenhofen | Tel. 08383/72 00 | Fax 92 13 02 | www.stiefenhofen.de*

OBERSTDORF

 **KARTE IN DER HINTEREN UMSCHLAGKLAPPE**

[129 D3] Wegen seiner außergewöhnlichen Lage und unzähligen Sport- und Freizeitmöglichkeiten steht das touristische Zentrum des Oberallgäus auf 815 m Höhe (11 000 Ew.) mit rund 2,5 Mio. Übernachtungen pro Jahr an der Spitze des Fremdenverkehrs im Allgäu. Dennoch finden sich auch noch Spuren dörflichen Lebens, nicht nur in den Teilorten Tiefenbach, Schöllang, Rubi, Reichenbach, Kornau und in den teils wildromantischen Tälern Oytal und Trettachtal (nicht versäumen: das denkmalgeschützte Dorf Gerstruben mit seinen alten Holzhäusern). Immerhin sind zwei Drittel der Gemeindefläche Landschafts- und Naturschutzgebiete.

▄ SEHENSWERTES ▄

BREITACHKLAMM ★

Die Breitach durchbricht einen mächtigen Felsstock und bildet eine enge Schlucht zwischen den steilen Felswänden, auf Stegen begehbar (je nach Trittsicherheit etwa 30–60 Min.). Ein Bus verkehrt vom Postplatz in Oberstdorf. *Sommer tgl. 8 bis 17, Winter 9–16 Uhr | kurzfristige Änderungen bei ungünstiger Wetterlage möglich (Tel. 08322/48 87) | 2,50 Euro*

HEIMATMUSEUM

40 Ausstellungsräume zu Wohnkultur, altem Handwerk, Alpwirtschaft, Jagd, Volkskunst, Alpinismus, dazu eine Schuhsammlung mit dem angeblich größten Schuh der Welt in Größe 480. *Di–Sa 10–12 und 14 bis 17.30 Uhr, So nur bei Regenwetter | 2,50 Euro | Oststr. 13*

HEINI-KLOPFER-SCHANZE ★ ❄

Legendäre Skiflugschanze im Stillachtal Nähe Freibergsee, zu der ein

Sessellift führt. Dies ist eine der sechs weltgrößten Skiflugschanzen, hier startet die Elite.

WALLFAHRTSKAPELLEN

An der Straße nach Birgsau liegen die drei Kapellen von St. Loretto: die *Appachkirche* (1493), die *Marienkirche* (1657) und die *Josephskirche* (1671). Im Rohrmoostal steht eine Holzkapelle aus der Spätrenaissance, wahrscheinlich eine der ältesten Kapellen Europas, geschmückt mit naiven Fresken.

■ ESSEN & TRINKEN

DAMPFBIERBRAUEREI

Die Gaststätte wartet mit selbst gebrautem naturtrübem Bier und Allgäuer Spezialitäten auf. *Tgl.* | *Bahnhofsplatz 6–8* | *Tel. 08322/89 08* | *www.dampfbierbrauerei.de* | €–€€

MAXIMILIANS

Stilvolles Gourmetrestaurant mit Designambiente. Angeschlossen ist ein kleines, exklusives Hotel. *Mittags und So geschl.* | *Freibergstr. 21* | *Tel. 08322/967 80* | *www.maximilians-restaurant.de* | €€€

BERGGASTHOF ROHRMOOS

Insider Tipp

Rustikal-festliche Einkehr: Wild aus der Jagd der Fürsten Waldburg zu Wolfegg, aber auch Nussspätzle oder Bergkäse. *Tgl.* | *Rohrmoos 5 (9 km westl.* | *Mautstr. ab Tiefenbach-Winkel, 4 Euro, gebührenfrei für Übernachtungsgäste)* | *Tel. 08322/44 17* | *www.rohrmoos.de* | €–€€

■ ÜBERNACHTEN

CAMPING- UND WOHNMOBILPLÄTZE

Oberstdorf verfügt über zwei gut ausgestattete Campingplätze und ei-

Breitachklamm: wandern durch die eindrucksvolle Schlucht an der Breitach

nen Wohnmobilstellplatz mit Sanitäranlagen, Laden und Spielplatz: *Camping Oberstdorf (Rubinger Str. 16 | Tel. 08322/65 25 | Fax 80 97 60 | www.camping-oberstdorf.de); Rubi-Camp (Rubinger Str. 34 | Tel. 08322/ 95 92 02 | Fax 95 92 03 | www.rubi-camp.de); Wohnmobilstellplatz*

MOHREN

Das Haus im Zentrum ist wegen seiner vielen Wochen- und Saisonpauschalen bzw. Zusatzleistungen und wegen seiner Familienfreundlichkeit interessant. *51 Zi. | Marktplatz 6 | Tel. 08322/91 20 | Fax 91 24 44 | www.hotel-mohren.de | €€€*

Heini-Klopfer-Schanze: Die tollkühnen Männer auf ihren fliegenden Brettern

Oberstdorf (Enzenspergerweg 10 | Tel. 08322/180 | Fax 182 54 | www.wohnmobilstellplatz-oberstdorf.de)

EXQUISIT

In ruhiger Naturlage am südlichen Ortsrand. Sonnenterrasse, große Liegewiese, individuelle Atmosphäre. *35 Zi. und Suiten | Prinzenstr. 17 | Tel. 08322/963 30 | Fax 96 33 60 | www.hotel-exquisit.de | €€€*

LANDHAUS SPIELMANNSAU

Schlichter Komfort im höchst idyllischen, autofreien Trettachtal (7,5 km südlich, 1071 m, Sonderfahrgenehmigung für Gäste). Guter Ausgangspunkt für Wanderungen. 20 Zimmer und Apartments im Landhaus und im neuen Berggasthof. Angeschlossen ein Jugendhaus für Selbstversorgergruppen. *Spielmannsau 4 | Tel. 08322/30 15 | Fax 88 60 | www.spielmannsau.de | €*

■ FREIZEIT & SPORT ■

Die Umgebung ist mit einem 200 km langen Wegenetz sowie unzähligen Berghütten und Klettersteigen ein Traumgebiet für Wanderer, Spaziergänger und Bergsteiger. Ein neues Wegweisersystem informiert über Höhe und Standort, aber auch über Schwierigkeitsgrad, Marschdauer und Ruhetage der Lokale am Wegesrand. Sehr beliebt in der Freeclimberszene ist die ▶▶ *Höllhörner-Überschreitung IV*, ein Klassiker für Kletterer ab Oytal. Wer lieber baden geht, findet natürliches Nass in den beiden *Moorfreibädern Reichenbach* und *Oberstdorf*, in der *Badeanstalt Freibergsee*, wo auch Kahnfahren möglich ist, und drinnen in der *Kristalltherme* am *Kurpark Oberstdorf (Promenadenstr. 3)*. Eine Fülle bester Sportinfos von Bungeespringen (von der Skiflugschanze!) über Eislaufen, Hüttenführer und Mountainbike bis Wildwasserfahren finden Sie unter *www.skidorado.de*.

■ AM ABEND ■

DISKOTHEK HÖRBAR

Von Reggae bis Hip-Hop sind alle Richtungen vertreten. *Mi, Do, So 20–1, Fr/Sa 20–3 Uhr, im Sommer ab 15 Uhr mit Terrasse | Prinzenstr. 4 im Kurhauskeller | www.hoerbaroberstdorf.de*

WEINSTUBE AM FROHMARKT

Im Erdgeschoss und auf der Empore geht es eng zu. *Do–Di 17–1 Uhr | Am Frohmarkt 2*

■ BERGBAHNEN ■

★ ☀ Vom Nebelhorngipfel (2224 m) bis zur Talstation führt die längste Talabfahrt Deutschlands durch das schneesicherste Gebiet des Allgäus mit Panoramablick auf 400 Alpengipfel. Die Kabinenbahn führt in drei Sektionen zum Gipfel, außerdem gibt es zwei Sesselbahnen und einen Skikuli. Das Fellhorn (2038 m) bietet im Sommer eine besonders üppige Vegetation und gilt als schönster Blumenberg Deutschlands (Führungen auf Anfrage). Die neue Fellhornbahn befördert in ihren 94 Kabinen für je acht Personen pro Stunde 2400 Passagiere zur Endstation Schlappoldsee. Ski- und Snowboardfahrer mit Ausrüstung werden von den öffentlichen Bussen von Oberstdorf aus kostenlos zu den Talstationen von Nebelhorn, Fellhorn, Söllereck und Höllwies gebracht. *Tageskarte Berg- und Talfahrt Nebelhorn 29 Euro (Sommer 23 Euro), Fellhorn 21 Euro, Zwei-Gipfel-Karte Nebelhorn/ Fellhorn 58,50 Euro, im Sommer 33,50 Euro, zahlreiche Zeitkarten, Ermäßigungen, Kombikarten etc. | Infotel. 08322/960 00 | www.fellhorn. de, www.nebelhorn.de*

■ ZIEL IN DER UMGEBUNG ■

HEILBRONNER WEG ★ ☀ [129 D5–6]

Dieser 3000 m lange Steig im Fels ermöglicht es, den Allgäuer Hauptkamm in fast gleichbleibender Höhe von etwa 2500 m ohne besondere Gefahr zu beschreiten. Abertausende sind ihn gegangen; alle rühmen ihn ob seiner einzigartigen Rundsichten und seiner besonderen Anlage. Mit etwas Glück hört man frühmorgens sogar Murmeltiere pfeifen. Schwindelfreiheit, Trittsicherheit und gute Kondition sind unerlässliche Voraussetzung für die Haupttour, die etwa sieben Stunden dauert.

SONTHOFEN

AUSKUNFT
– Marktplatz 7 | 87561 Oberstdorf | Tel. 08322/70 00 | Fax 70 02 36 | www.oberstdorf.de
– Tiefenbach Tel. 08322/70 02 50
– Rubi/Reichenbach/Schöllang Tel. 08326/71 97

SONTHOFEN

[129 D1–2] **Der Luftkurort Sonthofen (21 000 Ew., 16 Ortsteile, 742–1100 m) zu Füßen des Grünten (1738 m) dient als regionaler Knotenpunkt für Handel, Handwerk, Gewerbe, Schulen und Landwirtschaft.** Die alte Bausubstanz wurde durch Feuer und Kriege fast völlig zerstört. Dörfliches Ambiente bieten eher die Ortsteile Altstädten und Hinang. Kirchenbewunderer finden in und um Sonthofen fünf Pfarrkirchen und mehr als ein Dutzend Kapellen. Einige enthalten sehenswerte Deckengemälde und Schnitzwerke *(www.sonthofen.de/sehenswert/kunst-in-kirchen).*

SEHENSWERTES
HEIMATHAUS
Eindrucksvollster Teil des Heimatmuseums ist ein Bauernhaus aus dem 18. Jh., das bis ins letzte Detail die traditionelle ländliche Wohnkultur vermittelt. Im Neubau geologische Sammlung und frühgeschichtliche Abteilung. *Dez.–Okt. Di–Do und Sa/So 15–18 Uhr | 2,50 Euro*

STARZLACHKLAMM
Wildromantisches Ausflugsziel vom Ortsteil Winkel oder von Burgberg aus. Kesselförmige Wassermühlen, Wasserfälle, geologische Fundgrube. Ausgangspunkt schöner Wanderungen in das Gebiet Großer Wald. *Mai bis Okt. tgl. 8–18 Uhr | 1,50 Euro*

ESSEN & TRINKEN
HOTEL UND BRAUEREI-GASTHOF HIRSCH
Allgäuer Spezialitäten, aber auch Speisen aus der Diätküche. Brauvorführungen, zünftiger Biergarten, Zithermusik. *Di geschl. | Grüntenstr. 7 | Tel. 08321/672 80 | www.oberallgaeu. cc/brauereigasthof-hirsch | €€*

MAREND
Gemütliches Restaurant, das u. a. ein Menü ausschließlich mit Produkten aus der Region anbietet. *Sa-Mittag, So und Mo geschl. | Richard-Wagner-Str. 18 | Tel. 08321/78 89 99 | www. restaurant-marend.de | €€*

EINKAUFEN
ATELIER WINDKLANG
Klangbildhauer Johannes Vorholzer fertigt Windklangspiele in vielen Größen, Klängen, Formen und Farben (auch nach Maß) an. *Am Anger 12 | Altstädten | www.windklang.de*

ÜBERNACHTEN
ALLGÄUER BERGHOF ☀
Erstes „Familotel" von Europa, abseits auf 1206 m oberhalb von Gunzesried gelegen. Kinderbetreuung, Spielgelände, Erlebnisbad. *86 Zi. und Apartments | Alpe Eck | Tel. 08321/80 60 | Fax 80 62 19 | www. allgaeuer-berghof.de | €€*

ALLGÄU STERN HOTEL ☾
Große Anlage mit sieben Restaurants, Beauty-, Health- und Fitnesszentren, Skischule, Friseur, Kinderbetreuung. *442 Zi. und Suiten | Auf der Staiger Höhe | Buchfinkenweg 2 |*

Tel. 08321/27 90 | Fax 27 94 44 | *www.allgaeustern.de* | €€ – €€€

CAMPINGPLATZ AN DER ILLER

Unweit vom Ortskern ein ruhig gelegener, sehr gut und als familienfreundlich bewerteter Platz. *Sinwagstr. 2 | Tel. 08321/23 50 | Fax 715 61*

■ FREIZEIT & SPORT

ADAVASI-TOURS

Einen Tag in den Alpen verbringen mit Führung, Infos zur Käseherstellung, Naturkunde oder zum heimischen Dialekt. *Tel. 08321/78 84 28 | www.alpentag.de*

WONNEMAR

Riesiges Erlebnis- und Sportbad mit Saunawelt, Wellnesssektor etc. *Mai bis Sept. tgl. 10–21, Okt.–April 10 bis 22 Uhr | 9 Euro | Stadionweg 5 | www.wonnemar.de*

■ AM ABEND

KULTURWERKSTATT ▶▶

Literatur, Musik, Kleinkunst: Beinahe jeden Abend gibt es eine Vorstellung. *Tel. 08321/24 92 | www. kult-werk.de*

■ AUSKUNFT

– *Rathausplatz 1 | 87527 Sonthofen | Tel. 08321/61 52 91 | Fax 61 52 93 | www.sonthofen.de*
– *Verkehrsamt Altstädten | Am Anger 8 | Tel. 08321/21 70 | www.altstaedten.de*

■ ZIEL IN DER UMGEBUNG

BURGBERG   [129 D1]

Burgberg (3700 Ew.) 3 km nördlich zu Füßen des Grünten (1738 m) ist ein freundlicher Erholungsort mit ausgedehnten Wandermöglichkeiten.

Am Ende des 15. Jhs. stand in Burgberg die Eisenindustrie in voller Blüte. An den Bergbau erinnert heute eine *Erzgruben-Erlebniswelt (April bis Anfang Nov. tgl. 10–18 Uhr Füh-*

Unterwegs in Sonthofen

rungen | www.erzgruben.de) am Fuß des Grüntens, ein Museumsdorf verrät interessante Details aus der Geschichte des Bergbaus in der Region.

In Burgberg finden sich viele Gästehäuser, Privatquartiere und Bauernhöfe. Auskunft: *Rettenbergerstr. 2 | 87545 Burgberg | Tel. 08321/78 78 97 | Fax 78 78 98 | www.burgberg.de*

> MOORSEEN UND STADTSCHLÖSSER

Im baden-württembergischen Teil des Allgäus lässt es sich wohl leben und kuren

> Die hügelige, seenreiche Wiesen- und Waldlandschaft des Westllgäus ist von lieblicher Schönheit. Mehrere ehemalige freie Reichsstädte und zahlreiche Schlösser zeugen von bewegter Vergangenheit. Im wegen der zahlreichen Sennereien so genannten „Käsdreieck" *(www.kaesedreieck.de, www.ferien region-allgaeu.de)* Wangen–Leutkirch–Isny und seinen Ausläufern verzichtete man baulich auf Übertreibungen.

BAD WURZACH

[117 E4] Das älteste Moorheilbad Baden-Württembergs (14 100 Ew., 650–800 m) liegt am Rand des Wurzacher Rieds, einem der größten intakten Hochmoorgebiete Europas. Die ehemalige Residenzstadt lebt vorrangig vom Kurbetrieb und hat in Sachen Gesundheit und Wellness viel zu bieten. In der Nähe liegt der Rohrsee, die größte Möwenbrutstätte Europas.

Bild: Deckenfresko im Treppenhaus des Residenzschlosses Bad Wurzach

WEST ALLGÄU

■ SEHENSWERTES ■

KLOSTER MARIA ROSENGARTEN

Die Rokokokapelle (1763) wird als „schönste Hauskapelle" der Welt gepriesen. *Tgl. 9–11.30 und 14–17 Uhr, an der Pforte klingeln, evtl. vorher anrufen (Tel. 07564/501 20) | Eintritt frei | Rosengarten 3–6*

RESIDENZSCHLOSS

Die elegant geschwungene Treppe im barocken Treppenhaus und das Deckenfresko (1723–1728) zählen zu den Perlen der Oberschwäbischen Barockstraße. Im Sommer Residenzkonzerte im Treppenhaus. *Freier Zugang tagsüber | Marktstr.*

■ ESSEN & TRINKEN ■

HOTEL-GASTHOF ADLER

Koch Bernhard Gut bereitet köstliche Linsen mit Spätzle zu und hat ausgefallene Ideen und günstige Preise auf seiner Speisekarte. *Mo geschl. |*

Schlossstr. 8 | Tel. 07564/930 30 | www.hotel-adler-bad-wurzach.de | €€

WIRTSCHAFT ZUM OCHSEN

Gutbürgerliche Küche in einem traditionsreichen Haus 10 km südlich in

Hier quakt, kriecht und krabbelt es: Im Wurzacher Ried leben 1500 Tierarten

Weitprechts. Regionale Produkte und jeden Mittwoch der Preishit „Schni-Po-Sa" (Schnitzel, Pommes und Salat) für 5,50 Euro. *Sa und Mo sowie außer So mittags geschl. | Wolfegger Str. 4 | Weitprechts | Tel. 07527/62 81 | www.ochsen-weitprechts.de | €*

■ ÜBERNACHTEN ■

HOTEL RÖSSLE

Oberschwäbisch-bodenständige Gemütlichkeit. Das Restaurant bietet regionale Spezialitäten, Weinstube im Haus. Einige der sechs Apartments mit Dachterrasse. *15 Zi | Schulstr. 12 | Tel. 07564/94 90 50 | Fax 949 05 16 | www.roesslehotel.de | €*

PFLEGEHOTEL SCHLOSS BAD WURZACH

Ein neues, besonderes Konzept in der Kurstadt ermöglicht pflegebedürftigen Menschen und deren pflegenden Angehörigen einen gemeinsamen Urlaub im fürstlichen Schlossambiente. Nur im Sommerhalbjahr geöffnet. *25 Apartments | Marktstr. 9 | Tel. 07564/934 60 | Fax 93 46 11 | www.pflegehotel.de | €–€€*

■ AUSKUNFT ■

Mühltorstr. 1 | 88410 Bad Wurzach | Tel. 07564/30 21 50 | Fax 30 21 54 | www.bad-wurzach.de

■ ZIELE IN DER UMGEBUNG ■

ALPAKAHOF   [117 D5]

Riesiges Gelände 7 km südwestlich mit für die Gegend ungewöhnlichem Tierbestand, darunter Alpakas, Kamele, Lamas, aber auch Ponys. *Tgl. 9–19 Uhr | 5 Euro | Haid 3 | www.alpakahof.de*

EGGMANNSRIED   [117 D4]

Der lange Name *Museum für klösterliche Kultur, Ordenstrachten, Jesuleinverehrung und Weihnachtskrippen* erläutert das Programm des Privatmuseums von Jürgen Hohl in dem 8 km nördlich gelegenen Ort. Der Künstler vermittelt in Seminaren alte Handarbeitstechniken. *April–Okt. Sa*

14–17, So 10–12 Uhr und n. V. (Tel. 07564/27 53) | 3,50 Euro | www.ate lierhohl.de

WURZACHER RIED ⭐   [117 D–E4]

Das große Moorgebiet ist ein eiszeitliches Reservat für viele vom Aussterben bedrohte Tier- und Pflanzenarten und ein kleines Paradies für Wanderer und Naturliebhaber. Über 700 Pflanzenarten und mehr als 1500 verschiedene Tierarten sind hier zu Hause. Das Radweg- und Wandernetz führt auf insgesamt 200 km rund um das Ried. Auskunft: *Naturschutzzentrum Bad Wurzach | Rosengarten 1 | Tel. 07564/931 20 | Fax 931 22 | www.naturschutzzentren-bw. de/badwurzach*

ISNY

[123 F2–3] Die ehemals freie und nach der Reformation streng evangelische Reichsstadt Isny (720 m, 13 000 Ew.), deren Leinweber rege Handelskontakte nach halb Europa unterhielten, ist in überwiegend barockem Baustil mit mittelalterlichen Wehranlagen und Stadtmauer, mit vielen Türmen und Patrizierhäusern noch fast intakt erhalten. Isny verfügt über viele Wanderwege und ist im Winter ein Langlaufparadies. Zum Ort gehören Beuren am Badsee, Rohrdorf, der

Luftkurort Großholzleute, der heilklimatische Kurort Neutrauchburg mit einem Zentrum für Rehabilitationskuren und Bolsternang mit der Rehaklinik Überruh.

▊ SEHENSWERTES ▊

ALTSTADTFÜHRUNGEN

Gemütlicher Rundgang durchs Städtle. *Sa 9.45 Uhr, Juli–Sept. auch jeden zweiten Di 19 Uhr, Treffpunkt Kurhauseingang | 2,50 Euro*

DETHLEFFS WERKSFÜHRUNG   Insider Tipp

Einer der modernsten Fertigungsbetriebe in Europa für Caravans und Wohnmobile. *Fr 9 Uhr, nur auf Voranmeldung (Tel. 07562/98 70) | Rangenbergweg, Gewerbegebiet Mittelösch | www.dethleffs.de*

KUNSTHALLE IM SCHLOSS

Im restaurierten Schloss ständige Werkschau der romantisierenden Bilder Friedrich Hechelmanns sowie seiner ungewöhnlichen Sammlung von Marmor- und Bronzerepliken hellenistischer Skulpturen und Reliefs. *Di–So 11–17 Uhr | 5 Euro | www.hechelmann.de*

NIKOLAIKIRCHE

In der Nikolaikirche befindet sich die kostbare Prädikantenbibliothek mit

MARCO POLO HIGHLIGHTS

⭐ **Automobilmuseum**
Oldtimer im Marstall eines Schlosses in Wolfegg (Seite 66)

⭐ **Waldburg**
Die Atmosphäre einer echten Ritterburg (Seite 67)

⭐ **Wurzacher Ried**
Das größte Hochmoor Mitteleuropas (Seite 57)

⭐ **Scheidegg**
Über 100 Alpengipfel haben Sie von dem Ort in Panoramalage im Blick (Seite 62)

ISNY

1200 Bänden und 2000 Schriften, darunter die Pergamenthandschrift eines Messbuches aus dem 12. Jh., Inkunabeln (Wiegendrucke) und Flugschriften der Reformatoren Martin Luther, Philipp Melanchthon und Ulrich Zwingli. *Führungen April bis Okt. Mi 10.30 Uhr oder auf Nachfrage im Pfarramt (Tel. 07562/23 14) | Eintritt frei (Spende) | Kirchplatz*

OCHSENKELLER RESTAURANT

Heimelige Atmosphäre, schöner Biergarten mit Gartenterrasse. Spezielle Bierkarte. *Tgl. | Rainstr. 32 | Tel. 07562/97 08 82 | €€*

SCHLOSS-GASTHOF SONNE

Eines der Schlossgebäude in Neutrauchburg, von denen jedes den Namen eines Gestirns trägt. Gediegenes

Schon bald 1000 Jahre alt ist das Benediktinerkloster in Isny

ESSEN & TRINKEN

GASTHOF ADLER

Hier rasteten schon Kaiserin und Königin: Maria Theresia (1768) und Marie Antoinette (1770). In der „Gerichtslaube" wurde über den Bauernaufstand beraten. 5 km außerhalb in Großholzleute. Auch Hotel mit 25 Zimmern (€). *Mo geschl. | Tel. 07562/20 41 | €€*

Ambiente, Sommerterrasse. *Mo geschl. | Schlossstr. 7 | Tel. 07562/ 71 19 40 | €*

EINKAUFEN

KÄSKÜCHE ISNY

Die mehrfach ausgezeichnete Biosennerei hat das Ziel, Naturschutz mit artgerechter Tierhaltung zu verbinden. *www.kaeskueche-isny.de*

> *www.marcopolo.de/allgaeu*

■ ÜBERNACHTEN

BERGHOTEL JÄGERHOF ✹

An einem Südhang inmitten von Wiesen und mit Wild- und Mufflongehege steht 7 km außerhalb Richtung Sommersbach dieses luxuriöse Refugium für Ferien und Tagungen. *79 Zi. und 9 Suiten | Tel. 07562/770 | Fax 772 02 | www.berghotel-jaeger hof.de | €€€*

■ FREIZEIT & SPORT

Rund um Isny finden Sie ein weitläufiges Loipengebiet, teils mit Flutlicht und künstlicher Beschneiung. Der schönste Wasserplatz unter freiem Himmel ist der *Badsee Beuren (tgl. 10–18 Uhr | 1,50 Euro, ab 17 Uhr 0,80 Euro)* mit Campingplatz. Ideal für Abendschwimmer ist das *Hallenbad (tgl. 17.30–22.30 Uhr | 2 Euro)* in der Rehaklinik Überruh in Bolsternang mit guter Saunalandschaft. Neu ist ein behindertengerechter Naturerlebnispfad.

■ AM ABEND

LÖWEN-PUB

Ein Glücksfall: Im *Irish Pub Löwen (Mo–Sa ab 10, Winter ab 16, So ab 19 Uhr | Wassertorstr. 25 | www.cel tic-concerts.de)* in altdeutschem Dekor ein frisch gezapftes Guinness oder Kilkenny's trinken und trendige Musik oder Klassiker hören. Im *Café Einstein* um die Ecke gegenüber der Nikolaikirche gibts schon zum Frühstücks-Latte-macchiato keltische Musik.

Insider Tipp

■ AUSKUNFT

Unterer Grabenweg 18 | 88316 Isny | Tel. 07562/98 41 10 | Fax 98 41 72 | www.isny.de

■ ZIELE IN DER UMGEBUNG

EGLOFS [123 E3]

Das 7 km westlich in der weitläufigen Gemeinde Argenbühl gelegene Dorf hat einen der idyllischsten Marktplätze weit und breit. Ein Fahrradausflug führt zur *Badwirtschaft Malleichen (Mo geschl. | Tel. 08383/ 74 39 | €)* mit großem Biergarten und Spielplatz.

Insider Tipp

HAMMERSCHMIEDE GOTTRAZHOFEN [123 F2]

Insider Tipp

Eine der letzten Hammerschmieden Deutschlands, seit 400 Jahren in Betrieb, finden Sie 10 km nördlich in Gottrazhofen. Anton Netzer steht am heißen Ofen und schmiedet Eisernes. *Anmeldung empfohlen (Tel. 07566/ 443 | Fax 26 05)*

LEUTKIRCH

[117 F6] Leutkirch ist so unprätentiös wie sein Name: ein Ort zwischen Dörfern, dessen Kirche für alle Leute rundum gut erreichbar war. Heute ist Leutkirch mit seinen acht Ortsteilen und unzähli-

>LOW BUDGET

> Der ✹ *Aussichtsturm* auf dem 1118 m hohen *Schwarzen Grat* 7 km östlich von Isny garantiert bei schönem Wetter eine wunderbare Aussicht (mit genauer Beschriftung der Bergkette) und vor allem: Der Eintritt ist frei.

> Die für Anfänger wie für Fortgeschrittene geeignete *Kletterhalle der Sportalm in Scheidegg (www.sportalm-scheidegg.de)* bietet Mo–Fr eine Familientageskarte für nur 22 Euro an.

gen Weilern und Einöden flächenmäßig die zweitgrößte Stadt Baden-Württembergs. Die 23 000 Ew. verteilen sich auf 175 km²! Das Radwegenetz ist 220 km lang, im Winter werden 18 Loipen gespurt.

◼ SEHENSWERTES

ALTSTADT

Im *Rathaus* (1741) lohnt sich ein Blick in den barocken Ratssaal mit reicher Stuckatur. Das *Gotische Haus (Marktstr. 32 | www.gotisches-haus-leutkirch.de)* gilt als bedeutendes Zeugnis alter Handwerkskunst. In der *Martinskirche* am Marienplatz steht die wertvolle spätgotische

Brunnenskulptur vor dem Rathaus Leutkirch

Schnitzfigur Anna Selbdritt (um 1460), vermutlich aus der Memminger Werkstatt von Ivo Strigel.

HISTORISCHE GLASHÜTTE   Insi Tip

Das Glasmacherdorf im 13 km südöstlich gelegenen Ortsteil Schmidsfelden mit Glashütte, Glasmuseum, Herrenhaus, Kapelle, Wohnhütten und Naturschutzstation erlebt ein kulturhistorisches Comeback. Im familiär geführten *Café Uhu (Mi–Sa 14–19, So 10–19 Uhr)* mit selbst gebackenem Kuchen vespert man an fünf langen Holztischen zwischen Pflanzen und lokaler Kunst mit den Einheimischen zusammen. *Nov. bis März So 14–17 Uhr, April–Okt. Sa 13–17, So 10–17 Uhr | 1 Euro*

◼ ESSEN & TRINKEN

DROPS

Cafébar mit Designerflair, kleine, schmackhafte Tellergerichte. *So–Mittag geschl. | Bachstr. 21 | Tel. 07561/ 75 18 | €*

LANDGASTHAUS ÜBELHÖR

8 km südlich eine frühere Bahnhofswirtschaft an stillgelegter Strecke in Wander- und Radwegegebiet. Reichhaltige Gerichte, großes Biersortiment, Biergarten. *Di geschl. | Friesenhofen-Bahnhof 27 | Tel. 07567/ 98 89 77 | €*

◼ ÜBERNACHTEN

BRAUEREI-GASTHOF ZUM MOHREN

Das älteste Haus am Platz in historischem Gemäuer, zentral an der rauschenden Eschach. Die Mohrenköche warten mit vorzüglichen schwäbischen Gerichten auf *(Di geschl.). 10 Zi. | Wangener Str. 1 | Tel. 07561/*

985 70 | Fax 98 57 27 | *www.braue reigasthofmohren.de* | €

▮ FREIZEIT & SPORT ▮

Idyllisch gelegen und ein beliebter Treffpunkt ist das ▶▶ *Moorfreibad Herlazhofen* am Hinterweiher in Herlazhofen-Viehweid.

▮ AM ABEND ▮

BLAUER AFFE

Gemütliche Cafébar mit Musik am Wochenende und Biergartenbetrieb im Sommer. *Mo–Do 9–24, Fr/Sa 21 bis 2, So 14–24 Uhr | Kornhausstr. 4 | www.blauer-affe.info*

insider Tipp GASTHOF LAMM

Schnörkellose, urtümliche Altstadtkneipe, gelegentlich Ausstellungen und Jazzsessions. *Do–Di 18–24 Uhr | Lammgasse 4*

▮ AUSKUNFT ▮

Gänsbühl 6 | 88299 Leutkirch | Tel. 07561/871 54 | Fax 871 86 | *www. leutkirch.de*

▮ ZIELE IN DER UMGEBUNG ▮

KISSLEGG   [123 D–E1]

Das gut 10 km westlich gelegene Städtchen (8700 Ew., 650–739 m) ist geprägt von zwei Schlössern (davon eins in Privatbesitz), der stattlichen Pfarrkirche und dem Ober- und dem Zeller See. Durchs Arrisrieder Moos führt ein Biotoplehrpfad. Vier weitere Naturseen, sechs Naturschutzgebiete und ein großer Schlosspark im englischen Stil mit Bouleanlage sowie mehrere kleine, feine Sakralbauten machen Kisslegg zum Inbegriff der Beschaulichkeit. Wandreliefs und Skulpturen sind im *Rudolf-Wachter-*

Zeitgenössische Holzskulpturen in barocker Architektur: Neues Schloss in Kisslegg

Museum (April–Okt. Di, Do, Fr 14 bis 17, Sa 13–17, So 11–17 Uhr | 4 Euro) im Neuen Schloss zu sehen. Der zeitgenössische Künstler hat die Holzbildhauerei wesentlich erneuert.

Eine urige Wirtschaft mit schwäbischer Küche (nur frisch zubereitete Speisen, handgehobelte Spätzle!) ist die *Wagnerstub' (Sa/So und mittags geschl. | Wangener Str. 6 | Tel. 07563/534 | €).* 4 km südlich in Alleinlage zwischen alten Bäumen finden Sie das Nichtraucherhotel *Hofgut Eggen (12 Zi, 1 Apartment | Tel. 07563/180 90 | Fax 18 09 29 | www.*

hofguteggen.de | €) mit 700 m² gro-
ßem Fitnessstudio. Im Restaurant
(tgl.) des  Hotel-Gasthofs Ochsen
(40 Zi. | Herrenstr. 21 | Tel. 07563/
910 90 | Fax 91 09 60 | www.ochsen-
kisslegg.de | €) bekommen Sie

Blumenschmuck und verzierte Fensterläden:
das schindelbedeckte Rathaus in Scheidegg

schwäbisch-bodenständige Küche.
Auskunft: Im Neuen Schloss | 88353
Kisslegg | Tel. 07563/93 61 43 | Fax
93 61 99 | www.kisslegg.de

SCHLOSS ZEIL ![symbol]   [117 F5]
Vierflügelige, repräsentative Anlage
aus mehreren Jahrhunderten 7 km
nördlich, Wohnsitz der Fürsten Wald-

burg-Zeil, deshalb sind nur die Kirche und die Außenanlagen mit Wild-
gehege zugänglich. Schlossgasthof
Grüner Baum (Mo geschl. | Tel.
07561/60 07 | €€) mit schönem Bier-
garten und einer Kinderspielwiese.

SCHEIDEGG

[123 D5] ⭐ 🌿 Der heilklimatische
Kur- und Kneippport Scheidegg (4200 Ew.)
liegt auf dem Bergrücken (800–1000 m)
des Pfänders zwischen Bodensee und
Hochgebirge und bietet einen großartigen
Ausblick auf über 100 Gipfel der Allgäuer,
Vorarlberger und Schweizer Alpen. Die
Sonne scheint bis zu 2000 Stunden
pro Jahr, es gibt kaum Nebel, und die
Luft ist besonders rein und klar.

▮▮ SEHENSWERTES
ÖKUMENISCHE KAPELLENWEGE
Pilgertour für einen Tag: Unter dem
Motto „Wege für Leib und Seele"
führen der kleine und der große Ka-
pellenweg rund um Scheidegg zu 13
katholischen, evangelischen und öku-
menischen Kapellen und Kirchen,
die meist an Quellen gelegen sind.

▮▮ ESSEN & TRINKEN
GASTHAUS ZUM HIRSCHEN
Ein rosarotes, 300 Jahre altes Wirts-
haus mitten im Ort mit hausgemach-
ten Spezialitäten. Di-Abend und Mi
geschl. | Kirchstr. 1 | Tel. 08381/21 19
| €€

ROHRACHBLICK
Dreigeteiltes Restaurant: Le Gourmet
(reservieren!), gutbürgerlicher Spei-
seraum sowie Bierstube und Biergar-
ten. Fr geschl. | Gretenmühle | Tel.
08381/66 02 | €–€€

■ ÜBERNACHTEN ■

HOTEL BIRKENMOOR

Ruhig am Ortsrand gelegenes Haus, ideal für Ruhebedürftige. Garten und Wellnessbereich. *16 Zi. | Am Brunnenbühl 10 | Tel. 08381/920 00 | Fax 92 00 30 | www.hotel-birkenmoor.de | €€–€€€*

■ FREIZEIT & SPORT ■

Mountainbiketouren verschiedener Schwierigkeitsgrade auf schönen Panoramastrecken *(Mountainbikeverleih und Service, Informationen bei der Kurverwaltung);* Langlaufzentrum (mehr als 100 km) mit Dusch- und Umkleideraum, Kunsteisstadion, Skischulen, Anfängerlifte. In der *Dorfsennerei Böserscheidegg (tgl. 7 bis 12 und 17–19 Uhr),* einer Genossenschaft von 18 Landwirten unmittelbar östlich von Scheidegg, beginnt die 45 km lange *Radwandertour Westallgäuer Käsestraße.*

■ AUSKUNFT ■

Rathausplatz 4 | 88175 Scheidegg | Tel. 08381/895 55 | Fax 895 50 | www.scheidegg.de

■ ZIELE IN DER UMGEBUNG ■

LINDENBERG   [123 D–E4]

Rosshändler brachten die Handwerkskunst der Strohhutherstellung aus Italien in den 4 km nordöstlich gelegenen Höhenluftkurort (11 000 Ew., 750–824 m). Um 1885 gab es hier nicht weniger als 23 Fabriken. Sehenswert ist das *Hutmuseum (Jan. bis Nov. Mi 15–17.30 und So 10–12 Uhr | 2 Euro | Brennterwinkel 4).*

Übernachten kann man im *Hotel Waldsee (30 Zi. | Austr. 41 | Tel. 08381/ 926 10 | Fax 92 61 44 | www.hotel-waldsee.de | €€)* direkt am Wasser. Auskunft: *Stadtplatz | 88161 Lindenberg | Tel. 08381/803 28 | Fax 803 88 | www.lindenberg.de*

WEILER   [123 E4–5]

Der Luftkurort Weiler (6600 Ew., 632–800 m) mit den Ortsteilen Simmerberg und Ellhofen hat kristallklare Höhenluft. Das Amtshaus aus dem Jahr 1681 ist eines der schönsten Rathäuser im Allgäu. Die seit dem Mittelalter bekannte Siebersquelle wird wieder therapeutisch genutzt; außerdem werden Kneipp-, Schroth- und Mayrkuren angeboten.

Zur Einkehr laden die *Bräustatt und Taferne (tgl. | Ellhofer Str. 3 | Tel. 08387/38 06 | €),* ein Brauereigebäude von 1897 mit beeindruckender Architektur in Simmerberg, und der *Gasthof Engel (Mi-Mittag und Di geschl. | Am Kirchplatz 5 | Tel. 08387/27 45 | €)* mit Biergarten und je nach Jahreszeit Wildgerichten. Für das leckere Backwerk in der *Bäckerei Rieser (Alte Salzstr. 35)* kommen die Leute von weit her in den brombeerfarben geschindelten Laden mit heimeligem Café in Simmerberg.

Insider Tipp

Übernachten können Sie im *Adler (7 Zi. | Neideggstr. 1 | Tel. 08384/372 | Fax 82 17 91 | €),* einem 1570 erbauten ehemaligen Amtshaus des Deutschen Ritterordens in Ellhofen, oder im *Sport-, Kur- und Tennishotel Tannenhof (89 Zi. und Suiten | Lindenberger Str. 33 | Tel. 08387/12 35 | Fax 16 26 | www.hotel-tannenhof.de | €€€)* mit breit gefächertem Sport- und Gesundheitsangebot.

Auskunft: *Hauptstr. 14 | 88171 Weiler | Tel. 08387/391 50 | Fax 391 53 | www.weiler-tourismus.de*

WANGEN

[123 D3] Die komplett unter Ensemble-schutz stehende mittelalterliche, sorgfältig restaurierte ehemalige Reichsstadt hat sich mit einem der schönsten Straßenbilder Süddeutschlands herausgeputzt. Dem persönlichen Hobby eines Bürgermeisters des Luftkurorts (26 500 Ew., 556 m) verdankt Wangen die überbordende Zahl von alten Wirtshaus- und Zunftschildern sowie von Neuschöpfungen der Wangener Geschäftsleute. In den Gassen und Winkeln der jungen Stadt herrschen vor allem im Sommer reges Treiben und ein geradezu mediterranes Ambiente.

◼ SEHENSWERTES ◼

ALTSTADT

Ein Spaziergang durch die Altstadt lohnt sich schon wegen der 25 steinernen, gusseisernen und **Insider Tipp**  figürlichen Brunnen. Letztere verkörpern ironische Witzfiguren aller Art wie etwa der *Amtsschimmelbrunnen* in der Lindauer Straße. Besuchenswert ist der seit 1330 stattfindende *Wochenmarkt (Mi 7–13 Uhr)*. Kostenlose *Stadtführung Do, im Sommer auch Di 15.30 Uhr | Treffpunkt Gästeamt*

BADSTUBE

In dem Kreuzgewölbe vermitteln Waschzuber, Kupferkessel und anderes Zubehör ein authentisches mittelalterliches Badeambiente. Zugang über den Wehrgang von der Eselmühle. *April–Okt. Di–So 14–17, Sa ab 11 Uhr | 2 Euro | Lange Gasse 9*

ESELMÜHLE

Heimat- und *Käsereimuseum* in einem Gebäude *(Eselberg 1),* Samm-

lung mechanischer Musikinstrumente *(Vorführung Mi und Sa 15 Uhr), Museumsdruckerei (Eingang Lange Gasse 3 a, nur Di 14–17 Uhr).* Angeschlossen sind das *Eichendorff-* und das *Gustav-Freytag-Museum (Lange Gasse 1). April–Okt. Di–So 14–17, Sa ab 11 Uhr | 2 Euro*

◼ ESSEN & TRINKEN ◼

LANDGASTHAUS ADLER

Insider Tip

Köstlich zubereitete Gerichte mit ländlichen Produkten, Kräutern und Gewürzen, freundlicher Service. Reservierung empfohlen. *Mo-Abend und Di geschl. | Obere Dorfstr. 4 | Deuchelried (2 km Richtung Leutkirch) | Tel. 07522/70 74 77 | €€€*

FIDELISBÄCK

Insider Tip

Weithin bekannte Schankwirtschaft und Bäckerei mit zehn großen Holztischen, an denen Bürger, Bauern, Honoratioren und Touristen heißen Leberkäs (Wochenverbrauch: 1000 kg!), Laugenhörnle und Brezeln verzehren. Gute Kontaktbörse. *Sa-Abend*

❯ *www.marcopolo.de/allgaeu*

Am Markttag immer mittwochs ist Wangens Altstadt noch belebter als sonst

und So geschl. | Paradiesstr. 3 | Tel. 07522/79 59 31 | *www.fidelisbaeck. de* | €

CAFÉ-BAR-RESTAURANT MORITZ
Am Museumseck in einem historischen Gebäude mit Kreuzgewölbe. Mediterranes Interieur, internationale Gerichte. Frühstücksbuffet und große Außenterrasse. *Tgl.* | *Eselberg 4* | *Tel. 07522/70 74 84* | *www.moritz-wangen.de* | €€

■ EINKAUFEN ■
FORELLENZUCHT
Gerhard Sauter verkauft seine Regenbogenforellen direkt aus Quellwasserteichen frisch oder mit Buchensägemehl und Wacholderbeeren geräuchert auf dem *Wangener Markt (Mi)* und im *Hofladen (Pflegelberg 6)* 8 km Richtung Tettnang kurz vor Goppertsweiler.

KASPAR FLORISTIK
insider tipp

Duftendes Geschäft für Pflanzen und Einrichtungsaccessoires; inspirieren-

de Verkaufsausstellung, exotische Blumen und Gewächshaus mit heimischem Grün. *Isnyer Str. 2* | *www. kaspar-wangen.de*

■ ÜBERNACHTEN ■
BLAUE TRAUBE 🔊
Familiär geführtes Haus, zentral neben dem Weberzunfthaus gelegen und auf Radfahrer eingestellt. Im Restaurant *(Mo/Di geschl.)* regionale Küche. *10 Zi.* | *Zunfthausgasse 10* | *Tel. 07522/66 27* | *Fax 66 20* | *blaue. traube@t-online.de* | €€

■ FREIZEIT & SPORT ■
Das *Freibad Stefanshöhe* ist wegen seiner großzügigen Anlage mit Riesenrutsche und Matschplatz bei Familien beliebt. Unmittelbar daneben liegt die *Wintereisbahn (Nov.–März Di und Do–So 16–21 Uhr | 3 Euro).* Inlineskater finden auf 2000 m^2 in einer der größten Skatehallen Süddeutschlands einen paradiesischen Hindernisparcours mit Verleih, Shop und Kursen *(Skate-Factory | Mi–Fr*

15–21, Sa 12–21, So 10–20 Uhr | Spinnereistr. 1 | 5 Euro). In Amtzell 5 km westlich lockt die Kletterhalle *Red Rooster (Waldburgerstr. 21 a | Tel. 07520/52 82)* mit einer Wandhöhe von 13 m.

AM ABEND

Insider Tipp

KUNST DESIGN & RESTAURANT

10 km nördlich in Karsee haben Doris und Max Haller eine außergewöhnliche All-in-one-Geschäftsidee verwirklicht: Ihr Restaurant (mit fein schmeckenden Gerichten samt Rezept dazu) dient nebenher auch als Kunstgalerie, Möbelhaus und Kleinkunstbühne. *Mo/Di und außer Sa/So mittags geschl. | Seestr. 6 | Karsee | Tel. 07506/13 15 | www.kunstkneipe.de*

SCHWARZER HASEN ▶▶

Clublokal des Vereins Jazzpoint Wangen, jeden Freitag spielen Livebands, jeden Samstag Diskoparty mit Soul, Funk, Pop, Rock etc. *Argenauweg 6 | Beutelsau | www.jazzpoint-wangen.de*

WEINSTUBE KEMPTER

Gepflegtes Jugendstilambiente, gutes Weinsortiment. Mit Gartenterrasse, auch kleine Gerichte. *So geschl. | Bindstr. 54*

AUSKUNFT

Rathaus | Marktplatz 1 | 88239 Wangen | Tel. 07522/742 11 | Fax 742 14 | www.wangen.de

ZIEL IN DER UMGEBUNG

Insider Tipp

SCHLOSS ACHBERG [122 C4]

Hoch über der Argenschlucht 12 km südwestlich in einem stillen Winkel des Voralpenlands liegt Schloss Ach-

berg, ein lohnendes Ziel für einen Spaziergang. Das mustergültig sanierte Deutschordensschloss beherbergt Meisterwerke barocker Stuckateurkunst. *Mai–Okt. Fr–So 11–18 Uhr | Führungen Sa/So 14.30 Uhr | 4 Euro*

WOLFEGG

[116–117 C–D6] **Wolfegg ist eine dörflich-barocke Residenz, deren Wirtschafts- und Kulturleben sich mit dem mancher Stadt messen kann.** In dem heilklimatischen Kurort (3400 Ew., 700 m) wimmelt es nur so vor Kunstdenkmälern und Aktivitäten der fast 100 (!) Vereine.

SEHENSWERTES

AUTOMOBILMUSEUM ★

Der Automobiltester Fritz B. Busch zeigt in zwei historischen Gebäuden auf 3000 m² ein Oldtimerparadies, z. B. die Cadillacs von Hans Albers und Helmut Zacharias. *Mitte März bis Mitte Nov. tgl. 9.30–18, im Winter nur So 10–17 Uhr | 6 Euro | Schlossplatz | www.automuseum-busch.de*

BAUERNHAUSMUSEUM

Freilichtmuseum mit bis zu 300 Jahre alten Originalhöfen zwischen Bauerngärten, Weihern und Streuobstwiesen. In *Trudis Lädele* gibt es hauswirtschaftliche Accessoires. *Mai bis Sept. tgl. 10–18, März/April und Okt. Di–So 10–17 Uhr | 3,50 Euro | www.bauernhaus-museum.de | Weingartnerstr. 11*

BILDSTÖCKE AUS TUFF

Insider Tipp

Im quellreichen Achtal unterhalb von Wolfegg gibt es reichlich Kalktuff. Aus diesem Material sind die 30 steinernen Bildstöcke entstanden, die heute durch einen 12 km langen Themenweg für Wanderer und Radfahrer verbunden sind. *Bebilderter Prospekt bei der Touristeninformation*

LORETOKAPELLE ✤
Auf einem Moränenhügel (herrlicher Alpenblick!) an der Straße nach Rötenbach steht die Kapelle mit einer Wallfahrtsmadonna aus Zedernholz.

RENAISSANCESCHLOSS
Die vierflügelige Anlage mit Ecktürmen thront herrschaftlich über dem Achtal. Die noch von den Fürsten zu Waldburg-Wolfegg und Waldsee bewohnten Räume können nur im Rahmen von Veranstaltungen besichtigt werden. Das aber lohnt sich: Der Rittersaal des Schlosses zählt mit seinen 24 monumentalen Holzskulpturen und dem mächtigen Deckenspiegel zu den originellsten Raumschöpfungen der Barockzeit.

▮ ESSEN & TRINKEN ▮
MUSEUMSGASTSTUBEN FISCHERHAUS
Liebevoll eingerichtete Wirtschaft des Bauernhausmuseums mit Erzeugnissen der schwäbischen Küche. Biergarten am Hausweiher unter Linden. *Mo geschl. | Tel. 07527/51 50 |* €

▮ ÜBERNACHTEN ▮
HOTEL-GASTHOF ZUR POST
Erste Herberge am Platz, zusätzlich Gästehaus im Ortsteil Alttann. Im Restaurant *(Di geschl.)* frische Fisch- und Wildspezialitäten, großer Biergarten unter alten Kastanien, Most vom Fass. *35 Zi., Rötenbacher Str. 5 | Tel. 07527/961 40 | Fax 96 14 66 | www.hotel-post-wolfegg.com |* €

▮ AUSKUNFT ▮
Rötenbacher Str. 13 | 88364 Wolfegg | Tel. 07527/96 01 51 | Fax 960 17 08 | www.wolfegg.de

Vom Goggomobil bis zum Cadillac-Oldtimer: Automobilmuseum in Wolfegg

▮ ZIEL IN DER UMGEBUNG ▮
WALDBURG ★ ✤   [122 C1]
Auf einer Moränenkuppe (772 m) im Altdorfer Wald errichtete das Geschlecht derer von Waldburg im 12. Jh. seinen Stammsitz. Seitdem blieb der Bau fast unverändert, die Innengestaltung stammt aus dem 16. Jh. Heute ist die Burg Kulturzentrum, Museum und Aussichtspunkt – ein Fest für Kinder! *April–Okt. Di–So 10–17, Vollmondnächte auch 20–23 Uhr | 3 Euro*

Eine intakte bäuerliche Landschaft für Menschen,
die Hektik verabscheuen

> Die Region Unterallgäu ist touristisch lange nicht so erschlossen wie ihre Nachbargegenden, ist aber keinesfalls arm an Attraktionen.

Umso herzlicher fällt der Gästeempfang in dieser relativ flachen und fruchtbaren Landschaft der Flüsse Wertach, Flossach, Mindel, Kammel, Günz und Iller aus. Gleich mehrere Orte haben sich mit Kurangeboten auf die Kneippsche Wasserheilkunst spezialisiert.

BAD WÖRISHOFEN

[120 B2–3] Im Kneippheilbad Wörishofen (626 m) wirken, leben und kuren die Profis in Sachen Wohlbefinden und Fitness. Kaum eine der rund 300 Herbergen, die nicht den Zusatz „Kur" im Namen oder zumindest in der Angebotspalette führt. Zu den 15 000 Ew. zählen viele ehemalige Feriengäste, vor

Bild: Schwäbisches Bauernhofmuseum in Illerbeuren

UNTER ALLGÄU

allem aus Berlin und anderen Ballungsräumen, die hier im Geiste des Wasserdoktors einen beschaulichen – und körperbewussten – Lebensabend verbringen. *Stadtführungen April–Okt. Mo 15, Nov.–März 14 Uhr | Treffpunkt am Steinbrunnen | Bonifaz-Reile-Weg*

■ SEHENSWERTES ■

SEBASTIAN-KNEIPP-MUSEUM

Im Kloster der Dominikanerinnen informiert das Museum über Leben und Wirken des vielseitigen Pfarrers und vermittelt die Eckpfeiler seiner Lehre. *Mitte Jan.–Mitte Nov. Di–So 15–18 Uhr | 2 Euro*

■ ESSEN & TRINKEN ■

RESTAURANT JAGDHOF-CAFÉ

Gehoben-rustikales Speiselokal. Durchgehend 11–23 Uhr Küche, große Karte. *Mo/Di geschl. | Allgäuer Str. 1 | Schlingen-Nord | Tel. 08247/48 79 | Fax 25 34 | €€*

BAD WÖRISHOFEN

CAFÉ SCHWERMER

Ursprünglich erfolgreiche Confiserie (seit 1894) mit Kaffeehaus in Königsberg. Berühmte Pralinen und Marzipan. Onlineshop unter *www.schwermer.de. Tgl. 10–18 Uhr | Hartenthaler Str. 36*

str. 4 | Tel. 08247/35 30 | Fax 35 31 38 | www.hotelkreuzer.de | €€€

SEBASTIANEUM/KNEIPPIANUM

Exklusiv wohnen, kombiniert mit einer Vielzahl von Anwendungen. Und überall im Haus ist der Kneippsche

■ ÜBERNACHTEN ■

HOTEL ADLER 🔊

Wohnen ganz „normal" ohne Kuranwendungen in einem 500 Jahre alten Wirtshaus mitten im Ort. Einige Zimmer mit Etagendusche für schmalere Geldbeutel. *48 Zi. | Hauptstr. 40 | Tel. 08247/963 60 | Fax 963 63 00 | www.adler-trommer.de | €–€€*

KURHOTEL KREUZER 🔊

Eins von sieben exklusiven „Wohlfühlhotels", mit Ausflugsservice und Shuttlebustransfer von vielen Städten in ganz Deutschland. *96 Zi. | Kneipp-*

Geist zu spüren. Sogar das einstige Sprechzimmer Kneipps kann man besichtigen. *269 Zi. | Kneippstr. 8 | Tel. 08247/35 50 | Fax 35 52 55 | www.sebastianeum.de | €€€*

■ FREIZEIT & SPORT ■

GESUNDHEITSSPORT

Wandern und Radfahren in relativ flacher Region, Golfen auf mehreren Plätzen, Terrainkur (Kreislauftraining), Nordic Walking, kilometerweit auf Loipen Langlaufen – der Gesundheit zuliebe ist in Bad Wörishofen viel in Bewegung. Geführte

Radwanderung *April–Okt. Di und Fr 14.30–18 Uhr* ab Rathaus.

THERME UND FAMILIENBAD

Unter einer riesigen Glaskuppel, die sich an warmen Sommertagen öffnet, liegt die 2500 m^2 große Palmenlandschaft mit Südseeflair der neuen Therme. Der Zutritt ist für Gäste ab 16 Jahren reserviert (außer Sa Familientag 9–18 Uhr). *Mo–Fr 10–22, Sa/So 9–22 Uhr, Sa 19–24 Uhr textilfrei.* Sport- und Familienbad *Blue Fun (tgl. 11–20, Sa/So 9–22 Uhr)* mit Speedrutsche und Wildwassercanyon nebenan. *Thermenallee 1 | www.therme-badwoerishofen.de*

■ AUSKUNFT ■

Rathaus | 86817 Bad Wörishofen | Tel. 08247/96 90 55 | Fax 323 23 | www.bad-woerishofen.de

MEMMINGEN

[118 C3] **Bald jedes dritte Gebäude der alten Fugger- und Patrizierstadt Memmingen (41 200 Ew., 560–681 m) atmet in irgendeiner Weise Geschichte oder wurde stilistisch angepasst.** Memmingen, lebendige Einkaufsstadt mit 770 m Fußgängerzone, 160 Restaurants, Cafés und Bierstuben, aber „nur" 80 000 Übernachtungen im Jahr,

lohnt den Besuch. 24 Türme prägten einst das Bild der freien Reichsstadt. Von den acht Toren sind der *Einlass* mit besonders schönem Giebel, außerdem *Westertor, Ulmer, Lindauer* und *Kempter Tor* erhalten.

■ SEHENSWERTES ■

ALTSTADT ⭐

Gewaltige, ausladende Bauten prägen das Altstadtbild. Das 1589 erbaute, im 18. Jh. umgestaltete *Rathaus* am Marktplatz erhält durch seinen geschweiften Giebel eine elegante Anmutung. Einen auffallenden Gegensatz dazu bildet nebenan das in die Breite gehende *Steuerhaus* mit Arkaden (Neorokoko). Das wegen seines hohen Giebels mit Dachluken, in denen früher Leder getrocknet wurde, berühmte *Siebendächerhaus* steht im Gerberviertel. Im Kirchenschiff des *Kreuzherrenklosters (April–Okt. Di bis Fr und So 14–17, Sa 10–13 Uhr)* befindet sich eine grandiose Stuckdecke. *Mehrmals im Monat, meist Fr 19 Uhr Stadtführungen | 1,50 Euro | außerdem Themenführungen, u. a. Gruselführung mit Nachtwächter | 5 Euro* **Insider Tipp**

MAX UNOLD IM PARISHAUS

Erstes Barockhaus der Stadt (1736), sehr repräsentativ. Dauerausstellung des Memminger Malers Max Unold,

MARCO POLO HIGHLIGHTS

⭐ **Basilika**
Barocke Pracht in der mächtigen Klosterkirche von Ottobeuren (Seite 75)

⭐ **Buxheim**
Die strengen Regeln des Kartäuserordens im Kartausenmuseum (Seite 73)

⭐ **Altstadt**
Der historische Stadtkern von Memmingen (Seite 71)

⭐ **Schwäbisches Bauernhofmuseum**
In Illerbeuren können Sie sehen, wie man in alten Zeiten lebte (Seite 74)

eines Vertreters der neuen Sachlichkeit. *Mi 15–17, Sa/So 10–12 Uhr | Eintritt frei | Ulmer Str. 9*

STADTMUSEUM IM HERMANSBAU

In dem 1766 erbauten Palais ist die Geschichte der Reichsstadt Memmingen dargestellt; außerdem jüdisches Leben von 1862–1945 und das *Museum Freudenthal* über heimatvertriebene Sudetendeutsche. *Mai bis Okt. Di–Fr und So 10–12 und 14 bis 16 Uhr | 2 Euro | Zangmeisterstr. 8*

■ ESSEN & TRINKEN
ZUM GOLDENEN LÖWEN

Weinstube mit heimischen Weinen und kleiner Karte. *Mittags und So geschl. | Schrannenplatz 2 | Tel. 08331/52 90 |* €€

>LOW BUDGET

> Die *Allgäuer Volkssternwarte (www. avso.de)* in *Ottobeuren* bietet für nur 3 Euro interessante Führungen an, die mit einem eindrucksvollen Blick durchs Teleskop in den Sternenhimmel überm Allgäu enden.

> Naturerlebnis und Kulturgeschichte 15 km südwestlich von Mindelheim: Das Mühlenmuseum im Hotelrestaurant *Katzbrui-Mühle (tgl. 11–22 Uhr | www.katzbrui-muehle.de)* zeigt eine altdeutsche Getreidemühle aus dem 17. Jh. – und der Eintritt ist frei.

> Mit dem *Kneipplandbus* fahren Sie für 6,75 Euro nach Belieben durch die Region – und gegen Vorlage des Fahrscheins gibts außerdem Ermäßigungen im Skyline-Park, in der Therme Wörishofen und im Bauernhofmuseum Illerbeuren.

GRÜNES HAUS ▶▶

Modern eingerichtet, leichte Küche mit marktfrischen Zutaten. Terrasse und angesagte *Bar im Keller. So/Mo und außer Fr/Sa mittags geschl. | Lindentorstr. 11 | Tel. 08331/20 08 | www.grueneshaus.com |* €€ – €€€

PASTA FRESCA

Wer authentisch italienisch essen möchte, gehe hierhin und genieße. *Di sowie außer Do und So mittags geschl. | Krautstr. 6 | Tel. 08331/ 49 55 72 |* €€–€€€

ZUM STRAUSS

Eine „Berliner Kneipe" aus der Jugendstilepoche mit schönem Biergarten. *So-Mittag geschl. | Ulmer Str. 11–13 | Tel. 08331/44 82 | www.zumstrauss.de |* €€

■ EINKAUFEN
CONFISERIE HEILEMANN

Fabrikverkauf bei Woringen (6 km südlich): erstklassige Schokoladenartikel zum Spottpreis, Heilemann beliefert führende deutsche Hersteller. *Allgäuer Str. 4 | Autobahnausfahrt Woringen, dann Richtung Wolfertschwenden, neben Omnibus Karrer*

■ ÜBERNACHTEN
FALKEN GARNI

Zentral gelegenes Dreisternehaus, gepflegt. *39 Zi. | Rossmarkt 3–5 | Tel. 08331/945 10 | Fax 945 15 00 | www.hotel-falken-memmingen.com |* €€ – €€€

WEISSES ROSS

Gehobener Standard in einem denkmalgeschützten Gebäude aus dem 15. Jh. in der Altstadt. Zum Restaurant gehört ein Kreuzgewölbe im

Keller. *55 Zi. | Salzstr. 12/Kalchstr. 16 | Tel. 08331/93 60 | Fax 93 61 50 | www.hotelweissesross.de | €€*

Marktplatz 3 | 87700 Memmingen | Tel. 08331/85 01 72 | Fax 85 01 78 | www.memmingen.de

www.kohlenschieber.de | €). Ein gepflegtes Hotel mit großer Badeabteilung und medizinischer Schönheitsfarm ist das ⟨⟩ *Landhotel Grönenbach (23 Zi. | Ziegelberger Str. 3 | Tel. 08334/984 80 | Fax 98 48 58 | www. landhotel-groenenbach.de | €€).* Die ►► *Galerie Riedmiller (Unterthal 33*

Reich verziert: barockes Chorgestühl im Kartausenmuseum von Buxheim

■ ZIELE IN DER UMGEBUNG ■

BAD GRÖNENBACH   [118 C5]
Das Kneippheilbad (5100 Ew., 680 bis 790 m) 12 km südlich lebt von seinen Sanatorien, Kurkliniken und zahlreichen Wassertretstellen. In der barockisierten Stiftskirche lohnt sich ein Blick in die romanische Krypta.

Nette Leckereien und deftige Brotzeiten bekommen Sie beim *Kohlenschieber (mittags und So geschl. | Marktplatz 4 b | Tel. 08334/78 37 |*

| Ortsteil Thal | Tel. 08334/98 61 51 | www.galerie-riedmiller.de) zeigt Gegenwartskunst und verkauft im Galerieshop Möbel der Bauhaustradition. Auskunft: *Marktplatz 5 | 87730 Bad Grönenbach | Tel. 08334/605 31 | Fax 61 33 | www.bad-groenenbach.de*

BUXHEIM ★   [118 B3]
3 km westlich das *Deutsche Kartausenmuseum (April–Okt. tgl. 10–12 und 14–17 Uhr, Nov.–März nur mit*

Führung | Tel. 08331/618 04 | 2,50 Euro | www.heimatdienst-buxheim. de) in der ehemaligen Reichskartause mit Kreuzgang, Kartausenkirche mit prächtigem barockem Chorgestühl, Annakapelle und Bibliothekszelle.

KRONBURG   [118 C4]

Dörflicher Mittelpunkt des malerisch gelegenen Illerwinkels ist die 10 km südlich gelegene Gemeinde Kronburg (5500 Ew.) mit den Ortsteilen Illerbeuren, Lautrach und Legau sowie knapp 50 weiteren Weilern auf 630 bis 730 m. Die Wallfahrtskirche *Maria Steinbach* (18. Jh.) präsentiert sich in überwältigendem Rokoko.

Ein idealer (Familien-)Ausflug führt ins ⭐ *Schwäbische Bauernhofmuseum (März und Mitte Okt. bis Nov. Di–So 10–16, April–Mitte Okt. 9–18 Uhr | 3,50 Euro | Museumstr. 8 | www.bauernhofmuseum.de),* das älteste Freilichtmuseum Bayerns in Illerbeuren. Im Museum finden Sie das *Gasthaus Gromerhof (tgl. | Tel. 08394/ 594 | €)* mit bodenständiger Küche.

Im Ortsteil Legau befindet sich der Stammsitz der *Rapunzel Naturkost AG,* des internationalen Demeter-Herstellers und Lieferanten von 400 kontrolliert biologischen Lebensmitteln. Gruppenführungen sind möglich und Mittagsgäste in der **Werkskantine** Insider Tip *(Mo–Fr 12–13.15 Uhr | €)* willkommen. Produktverkauf nebenan im Naturkostladen *(Mo–Fr 9–12 und außer Mi 14.30–18, Sa 9–12.30 Uhr | Halderstr. 9 | www.rapunzel.de).*

Übernachten können Sie in den zwölf großen, elegant eingerichteten Ferienwohnungen im ✿ *Gästehaus Schloss Kronburg (Woringer Str. 5 | Tel. 08394/92 10 | Fax 16 71 | www. schloss-kronburg.de | €–€€)* unterhalb des Renaissanceschlosses in außergewöhnlicher Gartenanlage mit Park, Obstgarten und Feuchtbiotop. Schlosskonzerte und Führungen *(Mai–Okt. | Tel. 08394/271)* durch Baron und Baronin von Vequel-Westernach.

Auskunft: *Museumstr. 1 | 87758 Kronburg | Tel. 08394/206 | Fax 15 92 | www.legau.de*

OTTOBEUREN   [119 D4]

Der Kneippkurort Ottobeuren (8000 Ew., 660 m) 10 km südöstlich zehrt touristisch von zwei Dingen: erstens

Mehr als 1000 Jahre Tradition: die Barockbasilika von Ottobeuren

von den Gesundheitsgedanken seines großen Sohnes Pfarrer Sebastian Kneipp (1821–1897). Zweitens lebt er von seiner mächtigen Klosteranlage (1711–25), dem unübersehbaren Mittelpunkt der kleinen Marktgemeinde. Im Kloster leben und arbeiten noch 22 Mönche im Alter von 25 bis 80 Jahren. Sie pflegen den traditionellen Tagesablauf der Benediktiner. Das *Museum (tgl. 10–12 und 14 bis 17 Uhr, im Winter eingeschränkt | 2 Euro | Sebastian-Kneipp-Str. 1 | www.abtei-ottobeuren.de)* in der Benediktinerabtei zeigt Baugeschichte sowie kirchliche und weltliche Kunstschätze ersten Ranges. Außerdem Klosterladen und *Klostercafé (tgl. 10–17.30 Uhr).*

Die ⭐ *Basilika* ist eine der bedeutendsten deutschen Barockkirchen. Die seit 1926 mit dem Titel Päpstliche Basilika versehene, riesige Klosterkirche besitzt zwei barocke Chororgeln (1766) und die moderne Marienorgel, die zum musika-

lischen Ruhm der Kirche beitrugen. Zu den *Orgelkonzerten (Feb.–Nov. außer Karwoche Sa 16 Uhr)* mit teils namhaften Künstlern haben Besucher freien Zugang (Spende für Orgelerhaltung erbeten). Vorverkauf und Programm im Touristikamt oder unter *www.kirchenmusik-ottobeuren. de. Tgl. 9 Uhr–Sonnenuntergang (maximal 20.30 Uhr) | Führungen April bis Okt. Sa 14 Uhr, Treffpunkt unter der Kanzel, für Werktags- und Winterführungen an der Klosterpforte anmelden, Tel. 08332/79 80 |*

Regionale Küche serviert das *Hotel-Restaurant Engel (Fr geschl. | Luitpoldstr. 3 | Tel. 08332/920 80 | €€)*, dazu ein Café mit hausgemachtem Gebäck. Im *Allgäuer Windbeutelparadies (Di–So 12–18 Uhr | Memminger Str. 2 | www.allgaeuer-windbeutel-paradies.de)* können Sie zwischen mindestens 30 Sorten wählen.

Auskunft: *Marktplatz 14 | 87724 Ottobeuren | Tel. 08332/92 19 50 | Fax 92 19 92 | www.ottobeuren.de*

Insider Tipp

> MÄRCHENPANORAMA IM „KÖNIGSWINKEL"

Täler weit, Berge hoch, Seen satt, dazu Burgen und Schlösser

> Kein Wunder, dass die bayerischen Könige sich in dieser voralpinen, von Gletschern geformten Landschaft niederließen und ihre Schlösser bauten.

Die Ferienregion Ostallgäu im Dreieck Pfronten, Kaufbeuren, Schwangau mit ihren 46 Seen ist zwar kunsthistorisch betrachtet nicht so üppig barock ausgestattet. Dafür wirkt sie wegen der breiten Täler großzügiger und lieblicher, der Blick verliert die Berge praktisch nie, kann aber weiter schweifen, auch das Lebensgefühl ist schwereloser als im Oberallgäu. Suchte man für die Gegend einen allumfassenden Begriff, so käme „Panorama" in Frage: Panorama allüberall!

FÜSSEN

 **KARTE IN DER HINTEREN UMSCHLAGKLAPPE**

[126–127 C–D5] Füssen am Forggensee ist eine eigene Reise wert, vor allem für

Bild: Strandbad in Füssens Ortsteil Weißensee

OST
ALLGÄU

solche Urlauber, die alles auf einmal genießen wollen: die gern durch die mittelalterlichen Gassen der am höchsten gelegenen Stadt Bayerns (800–1200 m) flanieren, dabei aber nicht auf Naturerlebnisse zu Füßen des Hochgebirges der Ammergauer, Lechtaler und Tannheimer Alpen sowie am Wasser (elf Seen) verzichten wollen. Das Städtchen (17 000 Ew.) blickt auf eine 700-jährige Geschichte zurück. In der Römerzeit führte die Via Claudia Augusta von Norditalien nach Augsburg über Füssen. Zu Füssen zählen die Ortsteile Bad Faulenbach (Kalziumsulfat- und Schwefelquellen), Weißensee am gleichnamigen Gewässer und Hopfen am See.

■ SEHENSWERTES ■
ALTSTADT

Um es Individualreisenden leichter zu machen, die Stadt zu erkunden, hat Füssen ein Leitsystem für einen Rundgang entwickelt. Herausragen-

FÜSSEN

de Stationen: die *Krippkirche St. Nikolaus* mit Stuckmarmor-Hochaltar, die *Heilig-Geist-Spitalkirche* mit ihrer bunten Rokokofassade, das *Hohe Schloss (Di–So 11–16, im Winter 14 bis 16 Uhr)* mit spannender Illusions-

Ein Donnern, Tosen, Brausen: der Lechfall

malerei und die prächtige *Stadtpfarrkirche St. Mang* mit Deckenfresken, Monumentalplastiken und den Reliquien des hl. Magnus. *Während der*

Insider Tipp *Ferien* Kickboardführungen *(mit Leihgebühr für Kickboard und Rucksack 5 Euro), individuelle Audiotouren mit Leihdiscman 7 Euro*

LECHFALL (MANGFALL)

Einzigartiges Naturschauspiel bei Hochwasser: Die Wassermassen stürzen über fünf Stufen 12 m tosend in die Tiefe. Der vor 12 000 Jahren in der letzten Eiszeit entstandene Lechfall, auch Mangfall genannt, trägt das Gütesiegel „Bayerns schönste Geotope" *(www.geotope.bayern.de).* Die Lechschlucht ist die einzige in den bayerischen Alpen, durch die ein größerer Alpenfluss noch ungehindert fließen kann. Der Fels, in den sich der Lech eingeschnitten hat, besteht aus Kalk- und Dolomitgestein, das vor etwa 235 Mio. Jahren in einem flachen Meer abgelagert wurde. Nach dem Abschmelzen des Lechgletschers bildete sich im Lech- und Vilstal ein großer See, der sich bis nach Pfronten erstreckte. Beim heutigen Lechfall fielen die Wassermassen einst über 100 m in die Tiefe.

MUSEUM DER STADT FÜSSEN

Die prächtigen Barockräume des fast 1000 Jahre betriebenen Klosters St. Mang (bis 1803) sind als historische Zeugnisse selbst schon museal, beherbergen darüber hinaus aber eine stadtgeschichtliche Abteilung und die aufwendig gestaltete Wohnstube eines Müllers (18. Jh.). Ein Muss für Musikinteressierte: eine Geigenbauerwerkstatt und alte Instrumente Füssener Meister. *April–Okt. Di–So 11–16, Nov.–März 14–16 Uhr, 2,50 Euro | Führungen Di und Do 14.30 Uhr | Lechhalde 3*

STAATSGALERIE IM HOHEN SCHLOSS

Das zweite Obergeschoss des Hohen Schlosses beherbergt als Teil des Bayerischen Nationalmuseums eine

Sammlung spätgotischer, überwiegend schwäbischer Malerei. *April bis Okt. Di–So 11–16, Nov.–März 14–16 Uhr | 2,50 Euro | Führungen Mi 14.30 Uhr | Magnusplatz 10*

ESSEN & TRINKEN

HOTEL ALPENSCHLÖSSLE 🌊

Gourmetküche und kultiviertes Ambiente. *Di geschl. | Alatseestr. 28 | Tel. 08362/40 17 | www.hotel-alpen schloessle.com | €€–€€€*

FISCHERHÜTTE

Ausflugslokal in Hopfen, bekannt für seine Fischspezialitäten. *Tgl. | Uferstr. 16 | Tel. 08362/919 70 | €€*

HOTEL-RESTAURANT FRÜHLINGSGARTEN 🌊

Frische Produkte, gutes Preis-Leistungs-Verhältnis, familiär. Auch neun Zimmer. *Di geschl. | Alatseestr. 8 | Bad Faulenbach | Tel. 08362/917 30 | www.hotel-fruehlingsgarten.de | €–€€*

ÜBERNACHTEN

ALPENBLICK 🌿🌊

In Hopfen in direkter Seelage an der Uferpromenade. *65 Zi., Suiten und Apartments | Uferstr. 10 | Tel. 08362/ 505 70 | Fax 50 57 73 | www.alpen blick.de | €€*

ALTSTADTHOTEL ZUM HECHTEN

Nomen est omen: zentrale Lage, Parkplätze am Haus, Sauna. *35 Zi. |*

Ritterstr. 6 | Tel. 08362/916 00 | Fax 91 60 99 | www.hotel-hechten.com | €

AKTIV-HOTEL SCHWEIGER 🌊

Im Naturpark Bad Faulenbacher Tal eine komfortable Bleibe und Therapiekonzepte (klassisch und Naturheilkunde) unter einem Dach. *45 Zi. | Ländeweg 2 | Bad Faulenbach | Tel. 08362/914 00 | Fax 914 01 50 | www. aktivschweiger.de | €€*

DESIGNERHOTEL SEESPITZ 🌊

35 geschmackvoll gestaltete Ferienwohnungen mit Hotelkomfort wie Frühstück, Restaurant, Hallenbad, und das in Seelage. *Pfrontener Str. 45 | Weißensee | Tel. 08362/388 99 | Fax 388 90 | www.seespitz.com | €€–€€€*

FREIZEIT & SPORT

Tatendurstige können baden, segeln, surfen, biken, skaten, segelfliegen, drachenfliegen (Tegelberg, 1720 m), reiten, Tennis spielen, angeln, golfen (drei Plätze). Außerdem Eislauf, Eishockey, Curling, Stockschießen im *Bundesleistungszentrum für Eishockey (tgl. 14–15.30 Uhr; 3,30 Euro | Mo Diskolauf 20–21.30 Uhr | Am Kobelhang | www.blz.fuessen.de).* Forggenseeschifffahrt ab Bootshafen.

AM ABEND

SCHIFFWIRTSCHAFT

Gewölbekneipe in mittelalterlichem Bau. Großes Biersortiment, über 100

MARCO POLO HIGHLIGHTS

⭐ **Ritterburgen Eisenberg und Hohenfreyberg**
Wanderung zu Relikten des Mittelalters (Seite 88)

⭐ **Lechfall (Mangfall)**
Vor allem bei Hochwasser ein eindrucksvolles Schauspiel (Seite 78)

KAUFBEUREN

Cocktails, Vesperkarte. *Mo–Fr 17–2, Sa/So 13–3 Uhr | Schwangauer Str. 1*

■ AUSKUNFT ■

– *Kaiser-Maximilian-Platz 1 | 87629 Füssen | Tel. 08362/938 50 | Fax 93 85 20 | www.fuessen.de*
– *Hopfen am See: Uferstr. 21 | Tel. 08362/74 58 | Fax 399 78*
– *Weißensee: Seeweg 4 | Tel. 08362/ 65 00 | Fax 392 65*

KAUFBEUREN

[120 B–C5] **Kaufbeuren (44 000 Ew., 681 m) ist eine junge, belebte und gelungen restaurierte mittelalterliche Stadt mit stolzen Bürgerhäusern und Wehrtürmen.** Die Heimat so verschiedener Dichter wie Sophie von La Roche, Ludwig Ganghofer und Hans Magnus Enzensberger sowie der Mystikerin Crescentia Höß (18. Jh., Gedenkstätte im Kloster) eignet sich bestens als Ausgangspunkt für Touren ins Ostallgäu.

■ SEHENSWERTES ■

ALTSTADT

Den Rundgang beginnen Sie am besten am *Rathaus* in Neorenaissance von Georg Hauberrisser, der auch das Münchner Rathaus entwarf. Gleich um die Ecke befindet sich die *St.-Martins-Kirche,* ursprünglich romanisch, dann gotisch, später barockisiert und neugotisch umgestaltet. Geht man Richtung Nordwesten, erreicht man das *Crescentia-Kloster.* Von hier aus ist es nicht mehr weit zu den Stadtmauerresten und der stilreinen spätgotischen *St.-Blasius-Kirche* mit Flügelaltar (1518) von Jörg Lederer. *Führungen Mi und Sa 11 Uhr | Treffpunkt Altes Rathaus | 2 Euro*

ISERGEBIRGSMUSEUM

400 Jahre deutsche Kultur- und Industriegeschichte im nordböhmischen Isergebirge, Vertreibung und Neubeginn. *Di–So 14–17 Uhr | 3 Euro | Marktgasse 8 | www.isergebirgsmuseum.de*

Im Crescentia-Kloster: Gedenkstätte für die Mystikerin Crescentia Höß aus Kaufbeuren

NEUGABLONZ

Auf dem Ruinenfeld eines Kriegsmunitionsdepots errichteten 1946 aus dem nordböhmischen Gablonz vertriebene Sudetendeutsche neue Wohnungen und bauten die Gablonzer Glas- und Schmuckindustrie mit Werkstätten und Weltvertrieb neu auf. Neugablonz ist die größte Neusiedlung einer vertriebenen Bevölkerungsgruppe. Gablonz hatte 100 000 Ew., in Neugablonz leben (und arbeiten in 130 Betrieben) heute 14 000 Menschen. *Kostenlose Führungen Mai bis Okt. jeden 2. Sa 15 Uhr | Gablonzer Haus | Marktgasse 8 | 2 Euro*

▰ ESSEN & TRINKEN ▰

ADLERKELLER

Die Wirtin Yvonne Rech betreibt zusammen mit Rudi Mergenthaler das älteste Lokal Kaufbeurens (seit 1540). Schöner Biergarten und warme Küche bis 1 Uhr nachts. *Tgl. | Kemnater Str. 2 | Tel. 08341/24 41 | www.adlerkeller.de | €–€€*

GASTHOF ENGEL

Gutbürgerliches, gemütliches Restaurant mit zahlreichen Allgäuer Spezialitäten. *Sa-Mittag und So-Abend geschl. | Hauptstr. 10 | Tel. 08341/21 24 | Fax 84 12 | www.engel-kaufbeuren.de | €€*

CAFÉ WEBERHAUS

Hervorragende eigene Confiserie mit Pralinen, Teegebäck, Torten. Auch kleine Karte. *Mo–Fr 8–18.15, Sa 8 bis 17.30, So 13–18 Uhr | Kaiser-Max-Str. 22 | Tel. 08341/25 04 | €*

WEISSES RÖSS'L

Netter Ausflug in ein Landgasthaus 5 km nördlich. Angelika Seidl kocht mit frischen Zutaten saisonale schwäbische Gerichte, auch vegetarisch und vollwertig. *Mi/Do geschl. | Dorfstr. 25 | Pforzen-Leinau | Tel. 08346/255 | www.weisses-roessl-leinau.de | €–€€*

▰ EINKAUFEN ▰

MODESCHMUCK

Im Haus der Industrie sind die Produkte der Neugablonzer Betriebe ausgestellt. *Mo–Fr 9–12 und 13.30 bis 17, Sa 9–12 Uhr | Neue Zeile 11*

▰ ÜBERNACHTEN ▰

GOLDENER HIRSCH

Mitten in der Altstadt, modern mit alter Tradition. *42 Zi. und Apartments | Kaiser-Max-Str. 39 | Tel. 08341/430 30 | Fax 43 03 75 | www.goldener-hirsch-kaufbeuren.de | €€*

FLAIRHOTEL AM KAMIN ⌇

Große Zimmer, reichhaltiges Frühstück, erschwingliche Küche. *32 Zi. | Füssener Str. 62 | Tel. 08341/93 50 |*

Fax 93 52 22 | www.flairhotel-am-ka min.de | €

HOTEL AM TURM

Modernes Hotel mit langer Tradition, zentral direkt an der historischen Stadtmauer gelegen. *33 Zi.* | *Josef-Landes-Str. 1* | *Tel. 08341/937 40* | *Fax 93 74 60* | *www.hotel-am-turm. de* | €€

■ AM ABEND

CORONA

Der größte Kinokomplex des Allgäus bietet nicht nur Filmerlebnisse, sondern auch ein großes gastronomisches Angebot am Rand der Stadt und ist deshalb großer Anziehungspunkt jeden Abend. *Daniel-Kohler-Str. 1* | *www.corona-kinoplex.de*

LIVE CLUB UNCLE SATCHMO'S ▶▶

Im alten Kellergewölbe des Adlerkellers Jazz, Swing, Dixie, Blues, Travestie, Kleinkunst und Kabarett. *Kemnater Str. 2* | *Tel. 08341/24 41* | *www.treffpunkt-jazz.de/satchmos*

■ AUSKUNFT

Im Rathaus | *Kaiser-Max-Str. 1* | *87600 Kaufbeuren* | *Tel. 08341/ 404 05* | *Fax 739 62* | *www.kaufbeu ren.de*

■ ZIEL IN DER UMGEBUNG

IRSEE   [120 B4]

Das 7 km nordwestlich von Kaufbeuren gelegene Tagungs- und Bildungszentrum *Kloster Irsee (Klosterring 4* | *Tel. 08341/906 00)* ist eine prachtvolle Barockanlage. Zünftig einkehren können Sie hier im *Irseer Klosterbräu (tgl.)* mit herzhaften bayrischen Spezialitäten wie Bierbrotsuppe oder Spanferkelbraten. Wer länger bleiben möchte: In dem alten Braugasthof ist auch ein Hotel untergebracht *(53 Zi.* | *Klosterring 1–3* | *Tel. 08341/43 22 00* | *Fax 43 22 69* | *€€).* Im Betriebsgebäude befindet sich ein *Braumuseum (tgl. 9–19 Uhr)* mit Sichtfenster ins Sudhaus, im Ort Irsee *(www.irsee.de)* die *Kneipe Altbau* mit *Café Stucc* und *Galerie Kleinkunstbühne.*

❯ FASNET IM ALLGÄU
Die schwäbisch-alemannische Fastnacht

Die „Fasnet" sollte man einmal erlebt haben. Sie bleibt auch in der Spaßgesellschaft eine ernsthafte Angelegenheit, die nichts mit der fröhlichen Sinnlichkeit des kommerzialisierten rheinischen Karnevals zu tun hat. Bei den Umzügen gibt es so gut wie keine motorisierten Wagen, die Hexen gehen zu Fuß bzw. springen Furcht erregend herum. Viele Hundert toben, schreien, lachen und treiben todernst ihren derben Schabernack zu schräg-schöner Blasmusik. Das Publikum steht in Alltags-Sack-und-Asche am Straßenrand und antwortet ihnen: „Hey – muh!" oder „hoorig, hoorig – isch dia Katz" oder „Schelle, Schelle – schell' au". Wer nicht mitschreit, wird gemaßregelt, ein paar Hundert Meter weit verschleppt und auf den Boden gelegt. Ordnungskräfte gehen herum und kassieren einen kleinen Obolus – mit Quittung zum Beweis für den nächsten Kassierer.

MARKT-OBERDORF

[126 B–C1] Das beschauliche Kreisstädtchen (18 400 Ew., 727–790 m) ist touristisch weniger überlaufen als Füssen und eignet sich gut als Durchgangsstation.

merchorwettbewerb und das Festival Musica Sacra Internationale mit geistlicher Musik ausrichtet *(Tel. 08342/961 80 | www.modmusik.de)*.

KÜNSTLERHAUS MARKTOBERDORF

Das Museum in einem kubischen Ziegelgebäude beherbergt rund 200

Barocke Säulen im Kloster Irsee, heute eine Tagungsstätte

◼◼ SEHENSWERTES ◼◼◼◼

ALTSTADT

Die spätgotische *Frauenkirche* neben dem alten Rathaus, die Rokoko-Stadtpfarrkirche *St. Martin* und das *Schloss* (1723–28) mit 200 Jahre alter Lindenallee, das den Fürstbischöfen als Jagdschloss und Sommerresidenz diente, sind die wichtigsten Stationen auf einem Rundgang. Das Schloss ist heute Sitz der Bayerischen Musikakademie, die den renommierten Internationalen Kam-

Gemälde und Skulpturen zeitgenössischer Kunst aus Schwaben. *Di–Fr 15–18, Sa/So 14–18 Uhr | 3 Euro | Kemptener Str. 5 | www.kuenstler haus-marktoberdorf.de*

◼◼ ESSEN & TRINKEN ◼◼◼◼

BISTRO-BAR CITY

Treffpunkt für junge Leute, kleine Snacks und Getränke zu vernünftigen Preisen. *Tgl. abends, Mi–Fr auch mittags | Georg-Fischer-Str. 4 | Tel. 08342/989 55 | www.cafe-city.de | €*

CONDITOREI-CAFÉ GREINWALD

Kaffeehaus nach alter Art: leckere Kuchen und Torten, kleiner Mittagstisch. *Di–Sa 9–18, So 10–18 Uhr | Georg-Fischer-Str. 22 | Tel. 08342/ 26 05 | www.cafe-greinwald.de | €–€€*

MODEON-RESTAURANT

Im städtischen Veranstaltungshaus Modeon, gutbürgerliche Küche. *Do geschl. | Schwabenstr. 58 | Tel. 08342/401 34 | €€*

■ ÜBERNACHTEN ■

HOTEL SEPP 🔊

Das gepflegte Haus liegt zentral und verfügt über ein Gartenlokal. *60 Zi. | Bahnhofstr. 18 | Tel. 08342/70 90 | Fax 70 91 00 | www.allgaeu-hotel-sepp.de | €€*

LANDGASTHOF VOGLERWIRT

Die ideale Rast: 5 km südlich in Leuterschach, rustikal-gemütliche Zimmer, ländliche Küche *(Mo geschl.)*, eigene Schlachtung, Wild aus eigener Jagd. *19 Zi. | Mühlbichl 24 | Leuterschach | Tel. 08342/25 07 | Fax 25 49 | www.voglerwirt.de | €*

■ AUSKUNFT ■

Im Rathaus | Jahnstr. 1 | 87616 Marktoberdorf | Tel. 08342/40 08 46 | Fax 40 08 65 | www.marktoberdorf.de

■ ZIEL IN DER UMGEBUNG ■

STÖTTEN AM AUERBERG   [126 C2]

8 km südöstlich liegt das reizvolle Dorf mit mehreren Dutzend Weilern und Einöden, Seen und Weihern. Die Landschaft wird durch den ✿ *Auerberg* (1055 m) und das *Stöttener Moor* im Geltnachtal geprägt. Durch Stötten führt der Rad- und Wanderweg Marktoberdorf–Lechbruck. Zünftige Einkehr mit Biergarten und Übernachtung: *Landgasthof Sonne (Mo geschl. | 5 Zi. | Dorfstr. 7 | Tel. 08349/211 | Fax 97 61 45 | www.landgasthofsonne. de | €).* Auskunft: *Füssener Str. 11 | 87675 Stötten | Tel. 08349/920 40 | Fax 92 04 20 | www.stoetten.de*

Im Brauereigasthof Post: Bierbad, Brauereibesichtigung – oder einfach nur ein kühles Helles

NESSELWANG

[126 A4] **Den Luftkurort Nesselwang (867–1624 m) kennt jeder – aus den Staumeldungen der Verkehrsnachrichten.** Dennoch ist dieser 3600-Seelen-Marktflecken zu Recht ein beliebter, familienfreundlicher Ferienort mit jährlich 60 000 Gästeübernachtungen. Immerhin entstand hier der erste Nordic-Walking-Fitnesspark Bayerns mit fünf unterschiedlichen Strecken. Besonders herzlich empfängt der Ort, in dem zwei Brauereien residieren, Wohnmobilurlauber mit Stellplätzen und Pauschalangeboten.

■ SEHENSWERTES

MARIA TROST
Wallfahrtskirche von 1662 auf dem Wanker Berg mit Rokokoausstattung und Kreuzweg. 45 Minuten zu Fuß oder Anfahrt über Mautstraße. *Juni bis Sept. So 14–16.30 Uhr, sonst Blick durch das Gittertor*

■ ESSEN & TRINKEN

BRAUEREIGASTHOF BÄREN
Bayrische und internationale Küche. *In der Nebensaison Mi geschl. | Hauptstr. 3 | Tel. 08361/32 55 | www. baeren-nesselwang.de | €€*

KRONENHÜTTE
Berggaststätte im Wander- und Skigebiet. Schmankerlspeisekarte. *Mittelstation der Alpspitzbahn, Mo/Di geschl. | Tel. 08361/31 70 | www.kronenhuette.de | €–€€*

■ ÜBERNACHTEN

BRAUEREIGASTHOF HOTEL POST
Familienhotel mit großzügigen Zimmern und Erlebnisangeboten wie Bierbad, Brauereibesichtigung, Bierprobe. *22 Zi. | Hauptstr. 25 | Tel. 08361/309 10 | Fax 309 73 | www.hotel-post-nesselwang.de | €€*

GÄSTEHAUS STIMPFLE
Am Ortsrand gelegen, 16 Ferienwohnungen für zwei bis vier Personen, die auch tageweise vermietet werden, sowie Zimmer und Apartments. Restaurant *Schwyzer Stüble* im Haus, Biergarten. *Jupiterstr. 7 | Tel. 08361/920 10 | Fax 92 01 64 | www.gaestehaus-stimpfle.de | €–€€*

■ FREIZEIT & SPORT

Schönes Wandergebiet an Alpspitz (1575 m) und Edelsberg (1629 m), zwei Sesselbahnen, Skilifte, Flutlicht, Winter- und Sommerrodelbahnen *(Tel. 08361/771 | www.alpspitzbahn.de).* Alpspitz-Bade-Center Nesselwang (im Volksmund: ABC) mit einmaliger <mark>Reifenrutsche Crazy Bob</mark> **Insider Tipp** *(Mo–Fr 10–22, Sa/So 9–22 Uhr | Tageskarte 12 Euro | Badeseeweg 11 | www.abc-nesselwang.de).*

■ AUSKUNFT

Lindenstr. 16 | 87482 Nesselwang | Tel. 08361/92 30 40 | Fax 92 30 44 | www.nesselwang.de

PFRONTEN

[126 B4–5] **Der Luftkurort Pfronten (7800 Ew., 850–1900 m) besteht aus 13 Dörfern. Zentrum mit Rathaus und Geschäftsstraße ist Ried, das Wahrzeichen, die barocke Pfarrkirche St. Nikolaus, steht in Berg.** Vom Kurpark in Heitlern aus, in dessen Musikpavillon von Mai bis Oktober Konzerte *(So 11 Uhr)* stattfinden, blickt man auf Falkenstein, Breitenberg und Kienberg. Pfronten ist eine Art Tor zum Tannheimer Tal in Tirol. Steinach mit eigener Bahnstation ist Ausgangspunkt für Skisportler und Bergsteiger. Hier befindet sich auch

FALKENSTEIN

Deutschlands höchste Burgruine (1268 m). Die schmale Straße auf den Falkenstein wurde im Auftrag Ludwigs II. angelegt. Seinen Plan,

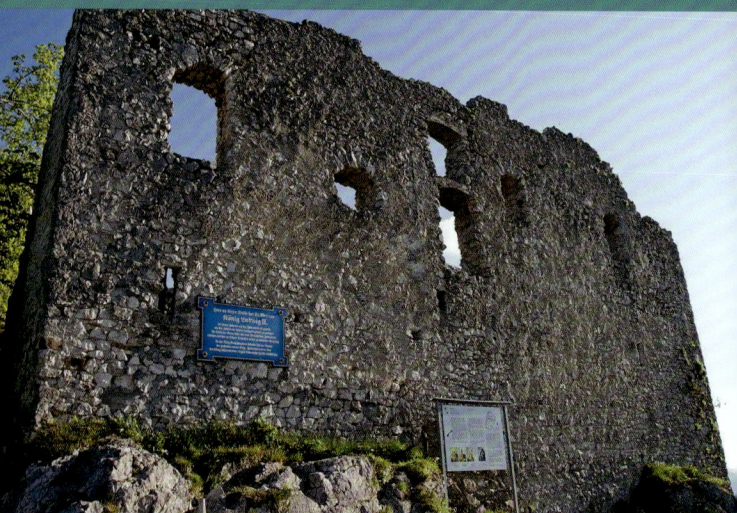

Höher liegt in Deutschland keine andere Burgruine: Falkenstein

der Campingplatz. Das beschaulichere Pfronten-Dorf bietet Spaziergängern und Wanderern schöne Wege.

■ SEHENSWERTES ■

BERGWIESEN

Pfronten wirbt mit spezifischen Heu-Vitalkuren: Ausgewählte Bergwiesen bleiben unbeweidet und ungedüngt und werden nur einmal Ende Juni gemäht. Die etwa 70 Heilpflanzen und Kräuter dienen gesundheitlichen Anwendungen wie Heuwickeln und sogar Heugerichten. *Bergwiesenpfad (2 km, vom Parkplatz Kappel bis Röfleuten ausgeschildert).*

Insider Tipp

auf dem Falkenstein ein noch prächtigeres Traumschloss zu errichten, konnte er nicht verwirklichen.

■ ESSEN & TRINKEN ■

DORFWIRT

Ehemalige Postkutschenstation, urig mit Bauerngerätschaften gestaltet. Mi volkstümliche Musik, Do frische Haxen, So Bauernente. *Tgl. | Tiroler Str. 36 | Tel. 08363/92 64 84 | www. dorfwirt-pfronten.de | €–€€*

BERGHOTEL SCHLOSSANGER ALP 🔊

Für Gourmets – mehrfach als eine der besten Küchen im Allgäu ausgezeichnet. *Tgl. | Am Schlossanger 1 | Tel. 08363/91 45 50 | www.schloss anger.de | €€€*

SCHANKWIRTSCHAFT

Authentische Wirtsstube von anno dazumal. Brotzeiten und regionaltypische Gerichte, selbst gebrautes Hofbier. Volksmusikgruppen Di um 20 Uhr. *Außer So mittags geschl. | Kienbergstr. 61 | Dorf | Tel. 08363/92 87 95 | €*

VILSTALSÄGE

Beliebtes Ausflugsziel. Do-Abend ist Haxentag. *Mo geschl. | Vilstalstr. 93 | Tel. 08363/255 | www.vilstalsaege.de | €–€€*

ÜBERNACHTEN

BERGPANORAMA 🔊

Wie der Name sagt: rundum Natur. Mit Heuküche, Schwimmbad und Bergwiesenheukur. *47 Zi., Röfleuter Weg 14 | Weißbach | Tel. 08363/911 90 | Fax 91 19 11 | www.berg panorama.de | €€*

BURGHOTEL AUF DEM FALKENSTEIN ☼

Nobel-rustikal in exponierter Lage (Mautstraße), zehn individuell gestaltete Suiten und Apartments, Gourmetküche. Auffahrt ab Meilingen für Hotelgäste frei. *Tel. 08363/91 45 40 | Fax 914 54 44 | www.burg hotel-falkenstein.de | €€€*

FREIZEIT & SPORT

Alpenbad (tgl. 9.30–21.30 Uhr) mit Hallen- und Freibädern in Meilingen. Kajakfahren auf der Vils. Viele Radtouren rund um Pfronten, für Steilbiker eignen sich Fahrten auf Vilser Alpe (20 km), Falkenstein (8,5 km)

oder Schlossanger Alp (5,5 km). Diverse *Bergschulen* (besonders auskunftsstark: *Toni Freudig in Steinach | Tel. 08363/53 64 | www.freudig.de*), eine *Reitschule (Fohlenhof in Weißbach | Tel. 08363/85 21). Eissporthalle* in Heitlern *(Kurpark | Tel. 08363/16 35).* Die Breitenbergbahn führt in Viererkabinen bis Hochalpe (1457 m), von dort weiter mit der Hochalpsesselbahn zum Breitenberg (1838 m).

AUSKUNFT

Vilstalstr. 2 | 87459 Pfronten | Tel. 08363/698 88 | Fax 698 66 | www. pfronten.de

ZIEL IN DER UMGEBUNG

EISENBERG   [126 B4]

Der 4 km entfernte Erholungsort (1150 Ew.) verteilt sich auf 17 Dörfer

>LOW BUDGET

> Mit dem Förster auf Spurensuche gehts bei *Wald Live (Ziegelwies | Tiroler Str. 10 | 08362/938 75 50 | www.wez-ziegelwies.de)* in Füssen, wo es zwei Erlebnispfade, einen Abenteuerspielplatz und Ausstellungen zum Thema Bergwald gibt – die sind sogar kostenlos.

> Ganz umsonst gibt es im Faulenbacher Tal bei Füssen eine beeindruckende Kunstausstellung zu sehen. Über 20 Künstler haben unter dem Titel *Land-Art-Projekt* ihre Kunstwerke – Installationen, Skulpturen etc. – in die Landschaft rund um die Kneippanlage Bad Faulenbach platziert. Wie lange die Ausstellung dauert, hängt von der Vergänglichkeit der Werke ab.

SCHWANGAU

und Weiler (800–1050 m). Auf der Höhe liegen die phantasieanregenden Ruinen der ⭐ ☀ *Ritterburgen Eisenberg und Hohenfreyberg.* Die barocke Gnadenkapelle *Maria Hilf in Speiden* (1635) enthält ein Gnadenbild aus dem 14. Jh. und Wessobrunner Stuckatur. Unmittelbar daneben liegt die *Wallfahrtskirche* von 1664 mit Rokokoaltären und Schnitzarbeiten. Einkehr im Sommer z. B. auf der

verschlafenes Dorf und hauptsächlich deswegen weltbekannt, weil es in direkter Umgebung berühmter Sehenswürdigkeiten liegt. Vier Seen in grandioser Landschaft erreicht man von Schwangau aus in kürzester Zeit: Forggensee, Alpsee (kühl), Bannwaldsee (wärmstes Gewässer) und Schwansee (große Spielwiese) – und dann sind da natürlich die beiden berühmten Königsschlösser (s. folgendes Kapitel).

Zwiebelturm vor Bergpanorama: St. Coloman ist eine bayerische Bilderbuchkirche

Alpe Kögelhof am Kögelweiher. Auskunft: *Pröbstener Str. 9 | 87637 Eisenberg | Tel. 08364/12 37 | Fax 98 71 54 | www.eisenberg-allgaeu.de*

SCHWANGAU
[127 D5] Schwangau selbst (3800 Ew., 792 m), heilklimatischer Kurort, ist ein

■ **SEHENSWERTES** ■
WALLFAHRTSKIRCHE ST. COLOMAN
Die Kirche ist ein beliebtes Fotomotiv wegen der herrlichen Wiesenlage zu Füßen der Schwangauer Berge. Innen stilrein erhaltenes bayerisches Barock (1673–78). Am 13. Oktober Festgottesdienst und Pferdesegnung. *Mai–Okt. tgl. 14.30–16.30 Uhr*

❯ *www.marcopolo.de/allgaeu*

■ ESSEN & TRINKEN ■

ALPENHOTEL MEIER
Zu Füßen der Schlösser, kulinarisch anspruchsvoll. *Di geschl.* | *Schwangauer Str. 37* | *Tel. 08362/818 89* | *www.alpenhotel-allgaeu.de* | €–€€

DREHHÜTTE
Wanderziel in 1250 m Höhe, Spezialität Wild, z. B. Hirsch- oder Gamsbraten mit Knödeln und Blaukraut. Mi Fackelwanderung ins Tal, im Winter Pferdeschlittentouren. *Mo, Nebensaison auch Di geschl., ca. 1 Std. vom Parkplatz Drehhütte, 2 Std. von der Tegelbergstation über den Naturlehrpfad* | *Tel. 08362/85 85* | *www.drehhuette.de* | €–€€

■ ÜBERNACHTEN ■

GASTHOF AM SEE ☘
Schöne Lage mit Seeterrasse am Forggensee, regionale Küche *(Di geschl.),* eigene Konditorei. *22 Zi.* | *Forggenseestr. 81* | *Waltenhofen* | *Tel. 08362/930 30* | *Fax 93 03 39* | *www.hotelgasthofamsee.de* | €

HOTEL MÜLLER ≋
Das Müller, seit 1900 königliches Gästehaus, seit 1910 Hotel, ist bei amerikanischen Besuchern wegen seines „Old-World"-Ambiente sehr beliebt. *45 Zi.* | *Alpseestr. 16* | *Tel. 08362/819 90* | *Fax 81 99 13* | *www.hotel-mueller.de* | €€€

RÜBEZAHL
Alpenländisch-elegant, Berg- und Schlosskulisse, mit anerkanntem Gourmetrestaurant *(Mi geschl.),* gemütlicher Zirbelstube und Wellnessbereich. *32 Zi. und Apartments* | *Am Ehberg 31* | *Tel. 08362/88 88* | *Fax*

Keine Sorge: Vom Tegelberg kommen Sie auch anders wieder ins Tal hinunter

817 01 | *www.neuschwanstein-hotel.com* | €€

■ FREIZEIT & SPORT ■

Tegelberg-Kabinenbahn auf 1720 m; in Buching Sesselbahn auf den Buchberg (1141 m). Loipen, Sommerrodelbahn. Märchenhaft-byzantinische *Kristalltherme (So–Do 9–22, Fr/Sa 9–23 Uhr* | *Am Kurpark* | *www.kristalltherme-schwangau.de).*

■ AUSKUNFT ■

Münchener Str. 2 | *87645 Schwangau* | *Tel. 08362/819 80* | *Fax 81 98 25* | *www.schwangau.de*

> EIN TRAUM ZUM ANFASSEN

Den Besuch in König Ludwigs Märchenschloss lässt
kaum ein Allgäubesucher aus

> **Rund 200 m über der Pöllatschlucht mitten im Ostallgäu thronen Neuschwanstein und Hohenschwangau, die beiden Königsschlösser: das touristische Ziel Nummer eins im Allgäu mit 1,3 Mio. Besuchern pro Jahr.**

Es sind die Geheimnisse rund um den Bauherrn, die noch heute die Leute faszinieren. König Ludwig II. galt als Herrscher, dem die Musik wichtiger war, als Kriege zu führen und Macht zu besitzen. Schon früh, im Alter von 40 Jahren, starb er 1886 seinen bis heute ungeklärten, geheimnisumwitterten Tod im Starnberger See. An einem der idyllischsten Orte der Region ließ er ab 1869 Schloss Neuschwanstein errichten, gleich neben Schloss Hohenschwangau. Letzteres hatte Ludwigs Vater, Maximilian II., 1832–36 auf den Ruinen der Ritterburg Schwangau aus dem 12. Jh. wiederaufbauen lassen. Schon beim ersten Blick auf die Kö-

Bild: Schloss Neuschwanstein

NEU SCHWANSTEIN

nigsschlösser wird klar: Sie sind wie der „Kini" selbst: verspielt, verträumt, geheimnisvoll.

SCHLOSS NEU-SCHWANSTEIN

[127 D5] ⭐ Ludwig II., ein König mit Herz und großem Sinn für die schönen Dinge des Lebens, träumt 1869 von einem verschnörkelten Königsschloss mitten in der Natur und gibt den Bau von Neuschwanstein in Auftrag. 1884 ist das Wunderwerk vollendet. Doch der König wohnt nur 172 Tage in seinem Traumschloss: Im Juni 1886 reist Ludwig, der zu diesem Zeitpunkt für geisteskrank erklärt worden war, zum Starnberger See. Zusammen mit seinem Arzt wird er dort tot im Wasser aufgefunden.

Mit Schloss Neuschwanstein will Ludwig II. die Bühnenwelt seines

Freundes Richard Wagner, den er tief verehrt, in Architektur umsetzen. Und so schreibt er an den Komponisten: „Die Burg soll im echten Styl der alten deutschen Ritterburgen gebaut werden und Reminiscenzen aus Thannhäuser und Lohengrin enthalten." Neuschwanstein soll nicht zum Repräsentieren dienen. Ludwig II. will auf seinem Königsschloss viellassen – und zum Vorbild vieler Modelle in Disney- und Märchenparks weltweit. Zur Anlage gehören Ritterhaus, Kemenate und ein fünfgeschossiges Palais. Die Besichtigung ist ausschließlich im Rahmen einer organisierten Führung möglich. Bis voraussichtlich 2011 präsentiert sich das Schloss eingerüstet: Die Natursteinfassade muss restauriert werden.

Hier ist alles Prunk und Pracht, selbst ein „schlichter" Treppenaufgang

mehr Muße finden zum Träumen. Das Schloss bleibt zunächst unvollendet, nach Ludwigs Tod kommt der Bau weitgehend zum Erliegen.

Neuschwanstein liegt auf einem bewaldeten Felssporn und wird von mehreren Türmen flankiert. Nicht zuletzt diese zahlreichen Türmchen und Zinnen haben es zum Inbegriff des romantischen Schlosses werden

■ SEHENSWERTES ■

SÄNGERSAAL

Dieser prunkvolle Raum erinnert an die Sängerhalle der Wagner-Oper Tannhäuser. Ludwig II. hat ihn errichten lassen, um dort Konzerte zu veranstalten – doch dazu ist es zu seinen Lebzeiten nicht gekommen. Inzwischen finden im Sängersaal die Schlosskonzerte statt, die jedes Jahr im September ein internationales Publikum anlocken. Man findet dort Wandbilder und Motive aus Tristan, Lohengrin und anderen Wagner-Opern, kostbare Holzvertäfelungen und Holzdecken.

SCHLAF- UND BADEZIMMER

Der König legte großen Wert darauf, dass die Schlafzimmer und auch die Badezimmer prunkvoll ausgestattet waren. So ist in eine dunkelblaue Marmorplatte des Waschtischs eine kippbare Waschschüssel aus Silber eingelassen. Der Wasserspender ist in versilberter Bronze gearbeitet und hat die Gestalt eines Schwans. Eine Waschgarnitur mit Schwammbehälter glänzt in vornehmer Bronze. Des Königs Stolz war, dass er fließend Wasser besaß, ein Novum seinerzeit. Überhaupt verfügte das Schloss über für damalige Verhältnisse modernste Technik und höchsten Komfort. So wurden die Räume des Palas über eine Heißluft-Zentralheizung erwärmt und die Toiletten besaßen automatische Spülung.

SPEISEZIMMER

Ludwig II. speiste am liebsten allein, weshalb ihm ein kleines Speisezimmer reichte. Er hatte an alles gedacht: Mit einem handbetriebenen Aufzug wurden die Speisen von der drei Stockwerke tiefer liegenden Küche nach oben transportiert. Auch hier findet man spannende Malereien. Auf dem Tisch des Speisezimmers sieht man auf dem Tafelaufsatz Siegfried im Kampf mit dem Drachen, an den Wänden Szenen mit Minnesängern auf der Wartburg. Besonders prunkvoll wirkt der Tafelaufsatz aus vergoldeter Bronze. Er besitzt einen Sockel aus Marmor und ist über 1 m hoch.

THRONSAAL

Über zwei Stockwerke erstreckt sich dieser reich verzierte Saal im byzantinischen Stil. Allerdings: Einen Thron suchen Sie vergeblich, da Ludwig während des Innenausbaus gestorben ist. Der König hatte für die Ausgestaltung des Saals angeordnet, die Münchner Allerheiligenkirche als Vorbild zu nehmen. Zudem sind Ähnlichkeiten mit der Sophienkirche in Konstantinopel zu erkennen. Achten Sie auf die Säulen aus gefärbtem Stuck und die zahlreichen Bilder in diesem Saal: So findet man Christus in der Glorie mit Maria und Johannes inmitten von Engeln dargestellt, darunter sechs heiliggesprochene Könige. Zu ihnen gehört Ludwig IX. „der Heilige" von Frankreich, der Namenspatron des Königs. Auch der Kampf gegen das Böse ist hier verewigt: So stehen auf der gegenüberliegenden Seite der Erzengel Michael und der heilige Georg, der Patron des bayerischen Ritterordens.

MARCO POLO HIGHLIGHTS

⭐ **Schloss Neuschwanstein**
Das Königsschloss: Stein gewordener Traum des Bayernkönigs Ludwig II. (Seite 91)

⭐ **Marienbrücke und Pöllatschlucht**
Aus 90 m Höhe hat man einen schwindelerregenden Blick auf die Pöllatschlucht (Seite 94)

ANFAHRT

Parkplatz in Hohenschwangau *(PKW 4 Euro),* von dort 30 Minuten Fußweg. Bus vom Schlosshotel Lisl *(Neuschwansteinstr., hin und zurück 2,60 Euro)* zum Aussichtspunkt „Jugend", von dort ca. zehn Minuten bergab zum Schloss und fünf Minuten zur Marienbrücke über der Pöllatschlucht. Pferdekutsche *(Bergfahrt 5 Euro, Talfahrt 2,50 Euro):* Abfahrt Hotel Müller Hohenschwangau, dann noch fünf Gehminuten.

ÖFFNUNGSZEITEN

April–Sept. Fr–Mi 9–18, Do 9–19, Okt.–März tgl. 10–16 Uhr | Führungen (35 Min.) in den Wintermonaten meist zur vollen Stunde, sonst je nach Andrang, gelegentlich Sonderführungen zu Spezialthemen | Eintrittskarten nur im Ticketcenter Hohenschwangau, Reservierung (Tel. 08362/ 93 08 30) gegen Zuschlag | 9 Euro | www.ticketcenter-hohenschwangau.de

>LOW BUDGET

> Nach dem schweißtreibenden Aufstieg zu den Königsschlössern und den umfangreichen Führungen eine kostenlose Erfrischung gefällig? Der smaragdgrüne Alpsee liegt traumhaft am Fuß der Schlösser zwischen Felswänden und bewaldeten Hängen. Dort gibt es eine gut ausgebaute Badeanstalt mit Kiosk – und der Eintritt ist frei!

> Wer gern wandert und sich die teure Parkgebühr beim Schloss sparen will, wählt den Parkplatz vor der Tegelbergbahn. Von dort aus laufen Sie Richtung Königsschlösser.

ZIELE IN DER UMGEBUNG

BLECKENAU [127 D5]

Folgt man zunächst dem breiten Fahrweg zum Schloss, so führt am Buswendeplatz ein Weg hinauf zur bewirtschafteten, 1250 m hoch im Pöllattal gelegenen Bleckenau. Diese Berghütte diente dem König einst als Jagdschloss. Urig ist es im Inneren der Hütte, gemütlich draußen auf der Terrasse. Im Sommer ist die Bleckenau Ausgangspunkt für romantische Fackelwanderungen, im Winter hingegen ist von dort aus eine Rodelpartie möglich. *Mai–Okt. tgl. 9–18 Uhr*

MARIENBRÜCKE UND PÖLLATSCHLUCHT ⭐ ✲ [127 D5]

In jedem Fall sollten Sie einen Abstecher zur Marienbrücke gleich unterhalb vom Schloss unternehmen. Beim Bau 1866 wurde eine zur damaligen Zeit völlig neue Konstruktionsweise erprobt: In 90 m Höhe über dem Pöllatfall wurden die Träger von den auf beiden Seiten im Fels befestigten Verankerungen aus aufgestellt, ohne

NEUSCHWANSTEIN

Von der Marienbrücke öffnet sich ein spektakulärer Blick hinüber auf das Schloss

stützende Rüstung. Der Blick zum Schloss ist vor allem dann grandios, wenn Sie den Höhenweg am Hang des Säulings entlanggehen. Von mehreren Aussichtsplätzen ergeben sich immer neue, eindrucksvolle Blickwinkel auf die Burg, besonders, wenn man sie mit Hohenschwangau und dem Alpsee im Hintergrund erlebt.

Die Marienbrücke überspannt die von schroffen Felswänden gesäumte Pöllatschlucht, die schon zu Maximilians Zeit als attraktives Naturereignis galt. Vom Parkplatz der Tegelbergbahn gibt es gut beschilderte Wanderwege entlang der Pöllach.

SCHLOSS HOHENSCHWANGAU [127 D5]

Ursprünglich eine Ritterburg, erscheint Hohenschwangau heute in einem etwas anderen Licht, denn Maximilian II. ließ sie im romantisierenden Stil der Neugotik umbauen. Von 1832 bis 1836 diente das Schloss Maximilian als Sommersitz. König Ludwig erlebte hier seine Jugend, und schon als Kind faszinierten ihn die zahlreichen Fresken aus Sagen und spannenden Geschichten, die man auch heute noch auf Hohenschwangau findet. Das Schloss kann nur mit einer kombinierten Eintrittskarte zusammen mit Neuschwanstein (s. dort) besichtigt werden.

Überall stößt man auf die Figur des Schwans: ein erhabenes Tier mit langem Hals und wachen Augen – das Lieblingstier Ludwigs. Im *Helden- oder Rittersaal* werden Sie am deutlichsten mit der Großzügigkeit der Burg konfrontiert – er nimmt die ganze Breite des Schlosses ein. Die Decke aus Stuckgips wurde mit neugotischen Verzierungen auf rosafarbenem Grund und mit plastischen silbernen Sternen geschmückt.

Bei der Einrichtung des *Orientzimmers,* des Schlafgemachs von Königin Marie, ließ Maximilian sich von seinen zahlreichen Reisen inspirieren – 1832/33 lernte er in der Türkei den Orient kennen und war so beeindruckt, dass er sogleich das Schlafzimmer seiner Frau neu einrichten ließ.

> ZU BADESEEN, DURCH WÄLDER UND AUF PANORAMAWEGEN

Mit dem Rad, zu Fuß und per Sessellift: dreimal Allgäu intensiv

Die Touren sind auf dem hinteren Umschlag und im Reiseatlas grün markiert

1 MIT DEM RAD ZU EINSAMEN BADESEEN IM WESTALLGÄU

Diese rund 25 km lange Tour eignet sich für passionierte Schwimmer, für Menschen, die gern Wasser sehen, und natürlich für alle, die gern mit dem Rad unterwegs sind. Da an der Strecke mehrere kleine Campingplätze liegen, können Sie die Tour auch auf mehrtägige kleine Etappen aufteilen. Um die idyllischsten Sträßchen und Waldwege zu finden, empfiehlt

es sich, eine Wander- und Radtourenkarte im Maßstab 1 : 50 000 zu benutzen.

An einem warmen Sommertag starten Sie z. B. in **Kisslegg** *(S. 61)* südostwärts Richtung Zaisenhofen und Goppertshofen. Etwa 1 km hinter Goppertshofen können Sie sich im **Wuhrmühleweiher** erfrischen. Weiter geht es über Waltershofen und Merazhofen nach Enkenhofen; hier links abbiegen, dann haben Sie einen schönen Blick auf den **Beurener Bad-**

Bild: Gipfelkreuz auf dem Mittagberg

AUSFLÜGE
& TOUREN

see, den Sie kurz vor Winnisried erreichen. Mit Campingplatz, Spiel- und Liegewiese, Strand, Bootsverleih und Kiosk eignet er sich gut für eine Rast. Fährt man bergauf nach Beuren, sieht man linker Hand den Kleinen und den Großen Ursee in einem Naturschutzgebiet liegen (schöner Spazierweg, aber Baden verboten).

Danach radeln Sie etwa 500 m zurück und biegen rechts ab nach Winnis. Dort müssen Sie sich rechts halten (Luftlinie Leutkirch) und nach ca. 1 km links (Richtung Herlazhofen) in den Wald abbiegen. Sie kommen dann vor Herlazhofen am **Hinterweiher** (auch Herlazhofer Weiher genannt) mit Wiese, Kiosk und zwei Campingplätzen heraus. Die schönere der beiden Badestellen befindet sich am gegenüberliegenden Ufer. Das Wasser ist wundervoll moorigweich und trotz undurchdringlicher Sicht sauber.

Über die Dörfer Herlazhofen, Bettelhofen, Toberazhofen, Engerazhofen (Blick auf Mühlenweiher), Wolferazhofen geht es unter der Autobahn durch bis Gebrazhofen. Hier folgen Sie nicht der Großrichtung Wangen, sondern halten sich nordwestlich und kommen über Oberrot (Blick auf Rote Weiher) am Weiler Bremberg vorbei wieder nach Kisslegg.

2 SCHWARZER GRAT UND WILDER ADELEGGWALD

Der ⭐ Schwarze Grat auf dem Bergrücken der Adelegg ist mit 1118 m der höchste Berg im südlichen Württemberg. Bequem ist der Aufstieg (jeweils ca. zweieinhalb Stunden) von Isny-Rohrdorf, von Isny-Großholzleute oder von Kreuzthal aus. Diese leichte Wanderung bei etwa 300–400 m Höhendifferenz ist auch problemlos mit größeren Kindern zu bewältigen. Alternative für Spaziergänger: Zufahrt mit dem Auto von Wengen auf einer Mautstraße (3 Euro) auf die Alpe Wenger Egg (Parkplatz, im Sommer Einkehr 8–24 Uhr); von dort sind es 20 Minuten Fußweg zum Aussichtsturm.

Die gut beschilderte Strecke führt teils auf breiten Forstwegen, teils auf schmalen Trampelpfaden durch den Wald. Vom ✿ Aussichtsturm Schwarzer Grat hat man einen herrlichen Panoramablick über die Voralpenlandschaft. Bei klarem Wetter

Insider Tipp
sieht man mit etwas Glück bis zum Säntis in der Schweiz. Eine Vesper sollten Sie sich mitnehmen, es gibt keine Bewirtschaftung.

Wer genügend Muße mitbringt, kann stundenlang durch den dichten Wald der botanisch hochinteressanten, wildromantischen Adelegg laufen. Zwischendurch erlaubt der ✿ Höhenweg grandiose Ausblicke weit über das württembergische Allgäu. Die Adelegg ist extrem zerklüftet, alle paar Hundert Meter plätschert oder rauscht ein Tobel oder Wasserfall. Die Artenfülle ist beeindruckend: Es soll 500 Arten von Farn- und Blütenpflanzen geben, 64 Brutvögel-, 18 Heuschrecken- sowie 200 Schmetterlingsarten.

3 WANDERUNGEN RUND UM DEN MITTAGBERG

Vom engen Tal aus ahnt man nicht, welch prächtiges Schauspiel einen auf dem stark bewaldeten, steil ansteigenden Immenstädter Hausberg erwartet. Auch wer nicht so gut zu Fuß ist, sollte auf keinen Fall versäumen, einmal mit der längsten Sesselbahn Deutschlands (2300 m) in zwei Etappen hinauf zum Mittaggipfel (1452 m) zu schweben. Die gesamte Fahrt inklusive Umsteigen an der Mittelstation dauert ohne Wartezeiten ca. 25–30 Minuten. Vom ✿ Gipfelkreuz (hinter der Schwebebahnstation, eine Minute Aufstieg) oder vom ✿ Bärenkopf aus (1463 m, 15 Minuten Spaziergang) bietet sich ein phantastisches Panorama.

Vom Bärenkopf aus bieten sich mehrere Varianten verschiedener Schwierigkeitsgrade für Gipfelwanderungen an. Mit Kindern könnte man zur Alpe Oberberg gehen, um die Herstellung von Bergkäse zu beobachten (Vesper mit frischen Milchprodukten möglich). Wer etwas länger gehen und das Panorama nicht aus dem Blick verlieren möchte, kann vom Mittag- zum Steineberg (1660 m) wandern (Dauer: eine gute Stunde).

AUSFLÜGE & TOUREN

Wer eine stramme Tagestour plant und dabei den Stuiben (1749 m) anvisiert, sollte über gute Kondition und Ausdauer verfügen sowie trittsicher und schwindelfrei sein. Der Weg führt von der Abzweigung zum Steineberggipfel geradeaus bis zur Grauen Wand (zehn bis 15 Minuten), einem vom Deutschen Alpenverein mit Seilen gesicherten Felsabbruch. Die weiteren Gratwege bis zum **Stuibengipfel** sind ausgeschildert. Anschließend kann man durch die Wiesen zur **Alpe Gund** (Einkehrmöglichkeit) und schließlich über Alpe Mittelberg durchs Steigbachtal zur Talstation nach Immenstadt laufen. Die gesamte Wanderung dauert fünf bis sechs Stunden reine Gehzeit.

Wer sich trainiert genug für eine besondere Herausforderung fühlt, kann vom Mittaggipfel über den Stuiben und die Nagelfluhkette entlang über den Höhenweg zum Hochgrat (1833 m) wandern und mit der dortigen Gondelbahn abfahren. Dieser gut ausgeschilderte Europäische Fernwanderweg führt mit erheblichen Höhenunterschieden zum Buralpkopf (1772 m), zum Gündleskopf und zum Rindalphorn (1822 m). Für die rund 20 km müssen Sie je nach Kondition sechs bis acht Stunden veranschlagen. Deshalb heißt es: Unbedingt früh aufbrechen! Und da es auf den Gipfelwegen keine Einkehrmöglichkeit gibt, müssen Sie ausreichend Proviant mitnehmen.

Mittag-Sesselbahnen und Hochgratbahn im Sommer tgl. 8–17 Uhr | Auskunft: Mittagbahn Tel. 08323/ 61 49 | www.mittagbahn.de; Hochgratbahn Tel. 08386/82 23 | www. hochgratbahn.de

Die Hochgratbahn ist das Ziel einer Tour für Erfahrene und Konditionsstarke

EIN TAG IM ALLGÄU

Action pur und einmalige Erlebnisse.
Gehen Sie auf Tour mit unserem Szene-Scout

MEDITERRAN AM MORGEN

8:30

Es geht deftig los im frisch renovierten *Café Mediterran*. Knusprige Brötchen, duftender Schinken und frische Oliven wecken die Lebensgeister und zeigen die mediterrane Seite des Allgäus: Terrakottafarbenes Interieur und die freundlich-entspannten Gäste und Crew-Mitglieder garantieren einen bestens gelaunten Start in den Tag! **WO?** *Hauptstr. 40 | Lindenberg*

9:00

RAN AN DEN PINSEL

Jetzt wirds bunt: Beim Malworkshop von Ragela Bertoldo in Heimenkirch ist Kreativität gefragt. Die Künstlerin verrät die besten Aquarelltechniken. Unter ihrer Anleitung entstehen abstrakte Werke. **WO?** *KEA | Kemptener Str. 8 | Anmeldung: Tel. 08381/94 83 13 | Kosten: 100 Euro*

ALLES KÄSE!

12:30

Jetzt wird gerührt und gepresst: In der ersten und einzigen Käseschule Süddeutschlands schnuppert man in die hohe Kunst der Käseherstellung hinein. Nach zweieinhalb Stunden hält man den selbst hergestellten Weichkäse in den Händen. Als Schmankerl danach gibts ein köstliches Glas Heuschnaps und natürlich: das Käsediplom. **WO?** *Kirchdorfer Str. 7 | Oberstaufen/Thalkirchdorf | Anmeldung: Tel. 08325/95 81 | Kosten: 24,50 Euro | www.kaeseschule.de*

15:00

HOCH HINAUS IN BOLSTERLANG

Spinnennetze, Lianenschaukeln, Hängebrücken: Im *Hochseilgarten Bolsterlang* gehts zu wie im Dschungel. In luftigen Höhen heißt es Balance halten und sich federleicht mit dem stahlseilgesicherten *Flying Fox* von Baum zu Baum schwingen. Das höchste der Gefühle: der *Giant Swing*, ein gesicherter „Flug" am Stahlseil. Das Allgäu verleiht eben Flügel! **WO?** *Hochseilgarten Bolsterlang | Öffnungszeiten nach Anmeldung: Tel. 08323/965 60 | Kosten: 41 Euro | www.faszinatour.de*

24 h

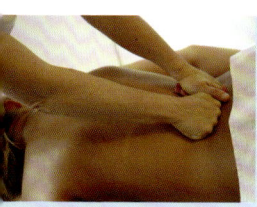

LOCKER MIT LOMI-LOMI

16:00

Aus luftigen Höhen gehts nun schnurstracks nach Hawaii. Oder besser: nach Bad Oberdorf zur *Lomi-Lomi-Massage*. Die exotischen Anwendungen wurden früher in hawaiianischen Tempeln praktiziert und stellen den Energiefluss wieder her – und das mitten im Allgäu! **WO?** *Birgit Messmer | Dorfstr. 21 | Anmeldung: Tel. 08324/942 52 | Kosten: 75 Euro/2 Std.*

17:00

RENT A CAMEL

Abgefahren: ein Kamelritt durchs Voralpenland. Total verrückt? Ja, aber toll: Ausgangspunkt ist die Kamelfarm in Hack bei Seeg. Wiegenden Schrittes gehts auf eine geführte Tour mit Dromedaren und Co. Vom Rücken dieser Tiere erlebt man das Allgäu aus einer ganz besonderen Perspektive!

WO? *Hack/Seeg | April–Okt. | Anmeldung nötig: Tel. 08369/91 06 40 | Kosten: 5 Euro/Std | www.kamelfarm-allgaeu.de*

GLAMOURÖSES DINNER

19:00

Nach der vielen Landluft zurück zum City-Chic: Beim Dinner in der Kemptener *Meyers Ess Bar* herrscht echtes Stylo-Fieber: Rote Ledersofas, dunkle Theken und Tische sind superedel designt – und dennoch so puristisch gehalten, dass niemand vom Essen abgelenkt wird. So schmeckt der lauwarme Rucolasalat mit Scampi auf Zitronenschaum einfach megalecker! **WO?** *Edisonstr. 2 | So geschl. | Tel. 0831/540 69 99 | www.meyers-kempten.de*

22:00

NACHT MIT FREUNDEN

Statt auf sterilen Theken-Talk setzen die Macher der *Trio Bar* auf lockere Atmo und gute Unterhaltung: Hier treffen sich Freunde zu Bier und Cocktail – oder Fremde, die zu Freunden werden wollen. Lust auf eine Runde Luftgitarre oder einen spontanen *Poetry Slam*? Hier gibts ständig wechselndes Programm nach dem Motto: Erlaubt ist, was Spaß macht. **WO?** *Rathausplatz 23 | Kempten | www.triobar.de*

> VON BESCHAULICH BIS EXTREM

Auf der Erde, in der Luft und zu Wasser –
dem Sportspaß sind im Allgäu kaum Grenzen gesetzt

> **Im Allgäu sind alle gängigen Sportarten wie Laufen, Radfahren, Tennis, Golf, Badminton, Minigolf, Inlineskaten, Reiten, Schwimmen, Segeln, Surfen, Ski- und Snowboardfahren, Schlittschuhlaufen, Winter- und Sommerrodeln möglich.** Besonders ausgeprägt aber sind landschaftsspezifische Aktivitäten wie Wandern, Nordic Walking, Bergsteigen, Klettern, Kajakfahren, Rafting, Drachen- und Gleitschirmfliegen und natürlich so beschauliche Dinge wie

Bootfahren mit Sonnenbad, Spaziergänge durch Bergblumenwiesen oder Fußbäder in Wildbächen. Wer sich etwas Ausgefallenes gönnen will, kann an einer Ballonfahrt über den Gipfeln teilnehmen *(www.bavaria-ballon.de oder Ballonsport Martin in Kempten, Tel. 0831/134 53).* Passionierte Angler finden im Allgäu leicht ihre ganz persönlichen Fischgründe an Flüssen, Seen und Bächen. Auskunft über die aktuellen Bedingun-

Bild: Nebelhorn

SPORT & AKTIVITÄTEN

gen vor Ort (Gewässergrenzen, Fangstrecken, Schonzeiten etc.) erteilen die Verkehrsämter. Auch für Golfer sind die Allgäuer Verhältnisse mit 24 Plätzen und Golfclubs (Grenzgebiete wie z. B. Lindau am Bodensee eingeschlossen) geradezu paradiesisch. Informationen finden Sie im Internet z. B. unter *www.golf-resort-oberallgaeu.de*, *www.waldsee-golf.de* und *www.golfschule-rogers.de*.

ADVENTURE

Indoorklettern, Bungeejumping, Gleitschirmfliegen *(Gleitschirmschule Oase in Obermaiselstein | Tel. 08326/380 36; Tandemfliegen bei Robert Blum in Oberstdorf | Tel. 08322/81 39)* – Mutige auf der Suche nach dem Adrenalinstoß finden im Allgäu ihre Erfüllung. Die Bungeestation auf der Heini-Klopfer-Schanze Oberstdorf garantiert mit einem 70-m-Sprung Nervenkitzel pur. *Mai–Okt.*

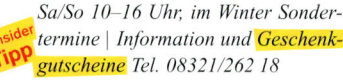
Insider Tipp

Sa/So 10–16 Uhr, im Winter Sonder-
termine | Information und Geschenk-
gutscheine Tel. 08321/262 18

INLINESKATEN

Ideale Bedingungen finden Inline-
skater innerhalb von Ortschaften und
natürlich auf vielen Fahrradstrecken.
Den einen oder anderen Hügel muss
man allerdings in Kauf nehmen. Da-
für gibt es Inlineschulen, in denen
Sie Bremstechniken, Kurven fahren,
Sicherheitstraining üben und auch
Inlineskates ausleihen können, zum
Beispiel in Oberstdorf.

RADFAHREN & MOUNTAINBIKING

Auf zwei Rädern kann man das Allgäu bestens erkunden, sei es mit
Mountainbike, Trekking- oder auch
mit einfachem Drei- oder Sieben-
gangrad. Mehrere Hundert Kilometer
ausgeschilderte Radwege – von gemütlich bis extrem – führen durch
das Voralpenland. Leihräder gibt es
in allen größeren Ortschaften. Auf
speziellen Radrouten, vor allem auf
ausgedienten Bahntrassen, lässt es
sich beschwingt fahren. Eine land-
schaftlich besonders reizvolle Tour
stellt die 80 km lange *Dampflok-
runde* von Kaufbeuren bis zum Lech
dar *(Streckeninformation: Verkehrs-
verein Kaufbeuren | Tel. 08341/
404 05 | www.kaufbeuren.de/touris
mus)*. Eine schöne, 32 km lange Rad-
route ist auch der Forggensee-Rund-
kurs von Füssen aus.

WANDERN

Wiesen, Weiden, viele freie, sonnige
Flächen und natürlich die Berge
bieten unendlich viele Wander-,

Bergsteige- und Klettermöglichkei-
ten aller Schwierigkeitsgrade. Im
südlichen Allgäu locken die nahen
Ammergauer, Allgäuer oder Lechtaler Alpen mit Gipfelhöhen zwischen
800 und fast 3000 m. Wer nicht ganz
trittsicher ist, seine Ausdauer noch
nicht kennt oder Kinder dabeihat,
nutzt Berg- und Seilbahnen für die
Auffahrt. Vorsicht: Der Abstieg kann
anstrengender sein und länger dauern
als gedacht! Nützliche Informationen
geben neben Verkehrsämtern auch
die Bergschulen *(z. B. Alpin- und
Bergwanderschule Oberstdorf | Tel.
08322/953 22)*. Hilfreich sind höhen-
verstellbare Teleskopstäbe. Die rich-
tige Auswahl und Planung Ihrer
Berg- oder Klettertour ist entschei-
dend für das Gelingen. Informieren
Sie sich genau über Schwierigkeitsgrad, Gipfelhöhe und Gehzeit!

WASSERSPORT

An den mehr als 30 zugänglichen
Allgäuer Natur-, Moor- und Bagger-
seen gibt es Gelegenheit, jeder ge-
wünschten sportlichen Betätigung
nachzugehen, sei es Baden, Bootfahren (keine Motorboote), Segeln,
Wasserskifahren oder Windsurfen.
Auch Schulen für Anfänger stehen
vor allem an größeren Gewässern zur
Verfügung. Dass auch Schwimmer
nicht zu kurz kommen, dafür sorgen
rund 130 Freischwimmbäder (teilweise beheizt), etwa 45 Hallenbäder
sowie ca. 20 Strandbäder an den
Seen. Viele Gewässer mit dem Zusatz „Weiher" sind groß, trotz ihrer
gelblich-dunklen Moorseefarbe sauber, und das Wasser ist seidig-weich.
FKK-Fans fühlen sich in dem idyllisch gelegenen *Naturisten-Erho-*

lungspark Haldenmühle (Tel. 08374/ 23 09 80 | *www.fsg-allgaeu.de*) bei Dietmannsried-Reicholzried mit ganzjährig geöffnetem Campingplatz wohl. Der Verein hat auch eine Naturistenhütte im Hörnergebiet bei Sonthofen.

WILDWASSERFAHREN

Kajak und Kanu fahren kann man auf den wunderbar klaren Flüssen Iller, Weißach, Breitach, Lech und Bregenzer Ache. So manchen lockt auch das reißende Abenteur Rafting – in der weißen Gischt von Bergbächen jagen Sie über glatt geschliffenes Gestein. Kurse und Informationen: *Wildwasser-Schule Oberstdorf-Allgäu | Tel. 08322/982 62 | Fax 982 63 | www.wildwasserschule.com*

WINTERSPORT

Das Oberallgäu ist ein ideales Skigebiet. Die Allgäu-Gletscher-Card berechtigt zum Preis von 417 Euro eine ganze Saison lang zur Nutzung von rund 50 Skiarealen mit ca. 300 Liftanlagen im Allgäu, in Tirol und im Kleinwalsertal *(Informationen Tel. 08322/960 00 oder 0831/575 37 45 | www.allgaeu-gletscher-card.de)*. Auch im Westallgäu gibt es vor allem für Familien mit Kindern Abfahrtsmöglichkeiten mit Liftbetrieb, die sich für Anfänger und nach längerer Pistenabstinenz eignen, zum Beispiel Fluggen und Iberg bei Maierhöfen und Felderhalde bei Isny. Für Skilangläufer ist das gesamte Allgäu mit seinen kilometerlangen Loipen ein einziges Dorado. Skater finden in den Hauptgebieten gespurte Bahnen meist direkt neben oder in der Nähe der klassischen Loipen. Rodeln (z. B. von der Nebelhorn-Mittelstation Seealpe,

dort auch Snowtubingbahn), Eislauf und Curling (Leistungszentrum für Eiskunstlauf in Oberstdorf) sowie Eisstockschießen auf den Oberstdorfer Tennisplätzen lassen keinen Wunsch unerfüllt.

Himmelwärts: auf dem Heilbronner Weg

> ## SPASS UND SPIEL SATT!

Ins Heu und durch wilde Schluchten –
tolle Erlebnisse für die ganze Familie bei jedem Wetter

> **Das Allgäu ist wegen der Naturerlebnisse und guter Infrastruktur mit vielen Ferienwohnungen auf Bauernhöfen ein ausgesprochen familienfreundliches Reiseziel.**

Mit gezielten Ferienprogrammen wie „Allgäuer Sommer" in Isny oder „Hörni-Camp-Club" in Obermaiselstein konkurrieren die Tourismusmanager der Städte und Gemeinden um die Gunst der Kids. Neben allgemeinen Freizeitangeboten wie Baden an

Seen und in Erlebnisbädern, Bootfahren, Burgen- und Schlösserbesichtigen, Wandern, Klettern und Sommerrodeln sind auch Museen und Ausstellungen auf Kinderbesuch vorbereitet.

■ OBERALLGÄU

ALLGÄUER BERGBAUERNMUSEUM
DIEPOLZ ☀ [124 C4]

Das malerisch gelegene, kleine Freilichtmuseum rund 10 km nördlich

> *www.marcopolo.de/allgaeu*

MIT KINDERN REISEN

von Immenstadt zeigt anschaulich das Alltagsleben in den Bergen. Besonders Familien werden Spaß an einem Bauernhof, einem Heustock und einem Kinderkino haben. Einkehrmöglichkeit in einem historischen Alpgebäude. *Mitte Juni–Mitte Sept. tgl., Mai–Mitte Juni und Mitte Sept. bis Okt. Mi–Mo 10–18 Uhr, Nov. bis April Sa/So 13–17 Uhr | 3 Euro, Familienkarte 6 Euro | www.bergbau ernmuseum.de*

FELLHORNWANDERUNG [128 C4] Insider Tipp

Abenteuergefühle kann man seinen Sprösslingen mit einer großen Wandertour in den Bergen verschaffen: Man fährt mit der Bergbahn aufs Fellhorn, läuft ein wenig auf dem Grat, fährt zur Mittelstation zurück und tritt den Abstieg zu Fuß an. Nach etwa einer Stunde gelangt man an das Naturfreunde-Kanzelwandhaus, wo man um 18 Uhr ein warmes Abendessen bekommt und zünftig mit eigenem Schlafsack oder Leihwäsche in Familienzimmern übernachten kann. Am nächsten Morgen steigt man in eineinhalb bis drei Stunden zur Talstation ab. *Naturfreunde-Ferienheim Kanzelwandhaus | Faistenoy 12 | Oberstdorf | Tel. 08322/33 46 | Fax 34 03 | www.kanzelwandhaus.de | ganzjährig geöffnet, Übernachtung und Essen vorbestellen*

MINIATUR-PUPPENWELT
WENGEN [124 B–C3]

Puppenhäuser aller Stilrichtungen präsentieren Maria Theresia Mayer und Monika Mayer-Lübeck in ihrem Geschäft mit Ausstellung. *Mo–Sa 10 bis 17 Uhr | Lindauer Str. 22 | www. miniatur-puppenwelt.de*

MINI-MOBIL-MODELLAUSSTELLUNG
SONTHOFEN [129 D1–2]

Mehr als 12 000 Modelle, überwiegend im H0-Maßstab, von Autos, Flugzeugen, Schiffen und Eisenbahnen. *Mi–Fr 15–18, Sa/So 10–12 und 14–18 Uhr | 4 Euro, Kinder 1 Cent/ cm Körpergröße | Oberstdorfer Str. 10*

MINIWELT OBERSTAUFEN [124 A5]

Ein Paradies für Modelleisenbahnfreunde: Auf 300 m² ist eine Modelllandschaft mit 140 Zügen, 1600 Waggons und 400 Weichen aufgebaut. *April–Anfang Nov. sowie 26. Dez.–Ende Weihnachtsferien tgl., sonst Sa/So 10–18 Uhr | 6 Euro, Kinder 4 Euro | Wengen 15 | www.mini welt-allgaeu.de*

■ WESTALLGÄU
EISTOBEL BEI GRÜNENBACH ★ [124 A4]

In der Schlucht Eistobel bei Grünenbach bildet die Obere Argen mehrere Wasserfälle. Ein Spaziergang durch die eindrucksvolle, teils 50 m tiefe Schlucht bis zum Ausstieg oder zur Umkehr am Schüttentobel ist für Kinder ein so spannendes Naturschauspiel, dass sie gar nicht auf die Idee kommen, sich über die Streckenlänge Gedanken zu machen (hin und zurück ca. 6 km). Zahlreiche flache Staustellen des Bachs laden ein, zu waten und von Stein zu Stein zu hüpfen. Dieses Naturschutzgebiet ist vor allem für jüngere Kinder interessant, die tier- und pflanzenkundlich besonders neugierig sind, und eignet sich besser als die Touristenattraktionen Breitach- oder Starzlachklamm, wo die Stege sehr schmal und beklemmend sein können. Auch im Winter ist der Eistobel zugänglich und mit seinen Eisstalagmiten und -stalaktiten ausgesprochen reizvoll, allerdings ist der Abstieg für kleine Kinder dann meist zu beschwerlich, weil die Treppenstufen im Schnee

Huckepack-Hiking oder: Wenn große Brüder kleine Schwestern beneiden

versinken und vereist sind. Zu jeder Jahreszeit sollten Sie festes Schuhwerk mit Profilsohle mitnehmen. *Zugang hinter Isny an der Argentalbrücke zwischen Maierhöfen und Grünenbach gegen ein paar Münzen Eintrittsgeld, das der Erhaltung und Sicherung der Wege dient*

REPTILIENZOO SCHEIDEGG [123 D5]

Von Anakonda bis Boa, Lebendfütterung inbegriffen: Der Scheidegger Reptilienzoo wartet mit Schlangen, Echsen, Schildkröten und Krokodilen auf. *April–Okt. tgl. 9–18, Nov. bis März 10–17 Uhr | 3,70 Euro | Gretenmühle an der B 308*

◼ UNTERALLGÄU ◼

SKYLINE-PARK
BAD WÖRISHOFEN [120 B2]

Freizeitspaß für die ganze Familie: Für Mutige gibts *Sky Shot, Sky Wheel* oder *Sky Circle,* aber auch Bobbahn, Karts und Riesenrutschen garantieren Vergnügen in diesem überschaubaren Freizeitpark direkt an der A 96 mit viel Grün. *April–Okt. tgl. 9.30 bis 18/19/20 Uhr | 16 Euro, Kinder 14 Euro, bis 100 cm frei | Im Hartfeld 1 | www.skylinepark.de*

WEIHERAUSFLUG
NACH BUXHEIM [118 B3]

Im Unterallgäu dominieren Kultur- und Kurangebote für Erwachsene. Mit Kindern empfiehlt sich ein Ausflug zum Toben an den Waldweihern von Buxheim *(Bootsverleih bei Familie Seifert, Ostern–Okt. | Am Weiherhaus 11 | Tel. 08331/725 22)* mit anschließender Einkehr im *Landgasthof Weiherhaus (Mo geschl. | Tel. 08331/721 23 | €).*

Toben im Stroh macht Kinder froh: Immer ein Renner sind Spielscheunen

◼ OSTALLGÄU ◼

PUPPENTHEATER-MUSEUM
KAUFBEUREN [120 C5]

Das Museum widmet sich den Themen Drehorgeln und Musikapparate, Märchenkutschen, historische Plakate, europäisches Puppentheater, Puppenspiel, Musik und Tanz aus Asien. *Do/Fr 10–12 und 14.30–17, Sa/So 10–12 Uhr | 2 Euro | Ludwigstr. 41 a | www.puppenspielverein.de*

SCHWANGAUER MÄRCHENSTUBE [127 D5]

Luise Kaiser liest vor oder erzählt nachmittags zwei Stunden lang Märchen. Geeignet für Kinder ab ca. fünf Jahren. *Mi–Sa, in den Sommerferien auch So 15–17 Uhr, März und 15. Sept.–Nov. geschl. | 3,50 Euro | Deichelweg 1 | Tel. 08362/94 07 71*

> VON ANREISE BIS WETTER

Urlaub von Anfang bis Ende: die wichtigsten Adressen und Informationen für Ihre Allgäureise

ANREISE

AUTO

Hauptzubringer von Norden her ist die A7 Würzburg–Ulm–Kempten. Bei Memmingen kreuzt sie die A 96 München–Lindau. Reisende aus der Schweiz ersparen sich rund 70 Straßenkilometer, wenn sie in Romanshorn die Bodensee-Autofähre nach Friedrichshafen nehmen.

BAHN

Alle Bahnhöfe des Allgäus sind im Stundenrhythmus in den „Allgäu-Schwaben-Takt" eingebunden. Von Dortmund aus fährt einmal täglich ein Intercity direkt nach Oberstdorf; von Hamburg, Berlin und Dresden aus gelangt man mit einer Umsteigestation in Ulm oder Augsburg ins Allgäu. Von München fährt der Allgäuexpress „Alex" *(www.allgaeu-bahn. de)* im Zweistundentakt über Kempten nach Oberstdorf.

FLUGZEUG

Internationale Flughäfen befinden sich in München, Stuttgart und Zürich. Der Allgäu-Airport in Memmingerberg wird u. a. aus Berlin, Hamburg und Köln/Bonn angeflogen. Der kleine Flughafen in Friedrichshafen am Bodensee ist für manche innerdeutsche Strecken (z. B. von/nach Berlin) eine echte, wenn auch meist etwas teurere Alternative.

PRAKTISCHE HINWEISE

AUSKUNFT

ALPINE BERATUNGSSTELLE

Den aktuellen Bergsportbericht, welche Bergbahnen in Betrieb sind und die Öffnungszeiten von Hütten kann man unter *Tel. 08322/70 02 00* abrufen. Die Wetteraussichten gibt die Wetterstation Oberstdorf unter *Tel. 08322/12 21* bekannt, gute Wetterwebsites sind auch *www.wetterlinks.de* und *www.wetter-allgaeu.de.*

ALLGÄU MARKETING

Allgäuer Str. 1 | 87435 Kempten | Tel. 01805/12 70 00 | Fax 13 70 00 | www.allgaeu.info

LANDRATSAMT UNTERALLGÄU

Bad Wörishofer Str. 33 | 87719 Mindelheim | Tel. 08261/99 50 | Fax 99 53 33 | www.unterallgaeu.de

OBERALLGÄU TOURISMUS SERVICE GMBH

Hindelanger Str. 35 | 87527 Sonthofen | Tel. 08321/800 45 40 | www.oberallgaeu.de

TOURISMUSVERBAND OSTALLGÄU

Schwabenstr. 11 | 87616 Marktoberdorf | Tel. 08342/91 13 13 | Fax 91 15 54 | www.ostallgaeu.de

ZWECKVERBAND FERIENREGION ALLGÄU-BODENSEE

Kurverwaltung Isny | 88316 Isny | Tel. 07562/98 41 10 | Fax 98 41 72 | www.das-allgaeu.de

BAUERNHOFURLAUB

Zum boomenden Markt hat sich der Urlaub auf dem Bauernhof vor allem für Familien entwickelt. Den Katalog für die bayerische Seite des Allgäus gibt es beim *Landesverband Urlaub*

WAS KOSTET WIE VIEL?

KAFFEE	**1,50–2 EURO**	für eine Tasse Kaffee
EIS	**1–2 EURO**	für zwei Kugeln Eis
BIER	**2–3 EURO**	für einen halben Liter
KÄSSPÄTZLE	**8–10 EURO**	für einen Teller Kässpätzle
BERGBAHN	**11–23 EURO**	für eine Berg-und-Tal-Fahrt
BUSFAHRT	**1,50–2,30 EURO**	für eine Kugel

auf dem Bauernhof in Bayern (Tel. 089/544 79 99 50 | Fax 544 79 99 30 | www.bauernhof-urlaub.com). Für das Westallgäu: *Urlaub auf dem Bauernhof in Baden-Württemberg (Tel. 0761/271 33 90 | Fax 28 77 75 | www.urlaub-bauernhof.de).*

BERGHÜTTEN

Die Allgäuer Berghütten bieten Wanderern Rast und Matratzenlager oder einfache Unterkunft (reservieren!). Je nach Wetterlage werden die Hütten Ende Mai geöffnet und spätestens Anfang Oktober geschlossen. Für den Allgäuer Hauptkamm gibt es eine Hüttenhotline mit Durchwahlnummern für die sieben großen Herbergen: *Tel. 08322/70 02 00.* Jährlich neu aufgelegt wird der Allgäuer Hüttenführer mit Beschreibungen der Hütten in den Allgäuer Alpen und im Tannheimer Tal. „Mit Kindern auf Hütten" heißt eine Broschüre des Deutschen und Österreichischen Alpenvereins, die es auch als Download im Internet zu finden gibt *(www.alpenverein.de).*

■ INTERNET ■

Die meisten Städte und Gemeinden haben eine Homepage eingerichtet, deren Name mit dem des Ortes übereinstimmt. Allgemeine Infos mit touristischem Schwerpunkt zum Allgäu oder Teilregionen finden Sie u. a. auf den Websites *www.allgaeu.info, www.oberallgaeu-ferien.de, www.ferienregion-allgaeu.de, www.dein-allgaeu.de, www.vitalesland.com, www.kleinwalstertal.com* und *www.allgaeu-abc.de.* Tolle Fotos gibts auf *www.allgaeu-video.de,* alles übers Wetter auf *www.wetter-allgaeu.de* und Winterinfos auf *www.allgaeuski.de.*

■ INTERNETCAFÉS ■

Man muss schon ein paar Kilometer fahren, um ein Internetcafé zu finden, einige gibt es jedoch, u. a.:
– *Isny: Internet-Café | Obertorstr. 26 | Tel. 07562/98 17 75*
– *Sonthofen: Confetti-Internetcafé | Schnitzerstr. | Tel. 08321/897 95*

– *Oberstdorf: Höfatsblick | Mittelstation der Nebelhornbahn (geöffnet zu Bergbahnbetriebszeiten)*
– *Gipfelstation Fellhorn (höchstes Internetcafé Deutschlands)*

■ JUGENDHERBERGEN ■

Jugendherbergen finden Sie in Füssen, Isny, Kempten, Lindau, Oberstdorf-Kornau und Ottobeuren. Auf der bayrischen Allgäuseite dürfen nur junge Leute bis 26 Jahre – Ausnahme: Gruppenbegleiter und Eltern mit mindestens einem Kind – in Jugendherbergen übernachten. Auskunft: *DJH Service GmbH | Bismarckstr. 8 | 32756 Detmold | Tel. 05231/740 10 | Fax 74 01 49 | www.djh.de*

■ NOTRUF & NOTSIGNALE ■

Für das gesamte Allgäu: *Alpiner Rettungsdienst, Leitstelle | Tel. 192 22 (ohne Vorwahl, in Österreich 144, mit Handy überall 112).* In den Bergen verwendet man im Notfall akustische oder optische Zeichen: sechsmal in der Minute, danach eine Minute Pause und Wiederholung. Die Antwort: Zeichen dreimal in der Minute; es bedeutet „Verstanden" oder „Rettung unterwegs".

■ ÖFFENTLICHE VERKEHRSMITTEL

Der öffentliche Nahverkehr ist im Allgäu von extrem unterschiedlicher Qualität. Der Landkreis Oberallgäu und die Stadt Kempten haben z. B. einen Verbund von Verkehrsmitteln organisiert, der sehr gut funktioniert: kurze Bedienungsintervalle, schnelles Umsteigen, direkte Anschlüsse von Bahn und Bus. Die Deutsche

Bahn bietet einen Fahrradexpress, viele Busse transportieren ebenfalls Räder. Es gibt Tages-, Wochen- und Mehrwochenkarten, Kinder bis 15 Jahre fahren kostenlos mit (Fahrplan und Broschüren mit Ausflugstipps im *Landratsamt Oberallgäu, Tel. 08321/ 61 22 38*). Eine praktische Einrichtung sind die Sammeltaxen, die außerhalb der Hauptverkehrszeiten auf den Buslinien fahren. Manch kleinerer Ort wie Bad Grönenbach oder Wolfegg verfügt über einen Bahnhof. Andere Gegenden sind ohne Auto nur mühsam zu erreichen, viele Bahnhöfe wurden stillgelegt.

PREISE

Im touristischer geprägten Oberallgäu und in den reinen Fremdenverkehrszentren wie Ottobeuren oder Bad Wörishofen kostet alles etwas mehr als im ländlicheren Westallgäu. Andererseits belebt dort Konkurrenz das Geschäft: Es gibt mehr Pauschal- und Kombinationsangebote mit Freizeitaktivitäten, vor allem in der Nebensaison, und Preisvergleiche lohnen sich allemal.

REISEZEIT

Bei Wanderern sind das späte Frühjahr oder der Herbst mit oft beständigem Wetter und guter Fernsicht beliebt. Hochsaison für den Sommertourismus sind Juli und August. Für Wintersport sind je nach Schneelage die Monate Dezember bis April geeignet.

TELEFON & HANDY

In allen größeren Orten gibt es Mobilfunkläden mit Service und Prepaidkarten. Der Empfang ist in manchen Tallagen schwach. In grenznahen Gebieten kann es sein, dass sich das fremde Netz einschaltet und das Telefonieren zum teuren Auslandsgespräch wird. Wählen Sie gegebenenfalls manuell Ihr heimisches Netz. Telefonzellen werden immer seltener; wenn Sie darauf angewiesen sind, sollten Sie Kleingeld *und* Telefonkarte parat halten.

WETTER IN OBERSTDORF

Jan.	Feb.	März	April	Mai	Juni	Juli	Aug.	Sept.	Okt.	Nov.	Dez.
2	4	8	12	17	20	21	21	18	13	7	3
Tagestemperaturen in ºC											
–8	–7	–4	1	4	8	10	10	7	2	–2	–6
Nachttemperaturen in ºC											
3	3	4	5	5	6	7	6	6	5	3	2
Sonnenschein Std./Tag											
13	13	12	13	15	17	17	16	13	12	11	12
Niederschlag Tage/Monat											

> Die Seiteneinteilung für den Reiseatlas finden Sie auf dem hinteren Umschlag dieses Reiseführers.

Mit freundlicher Unterstützung von

REISEATLAS
ALLGÄU

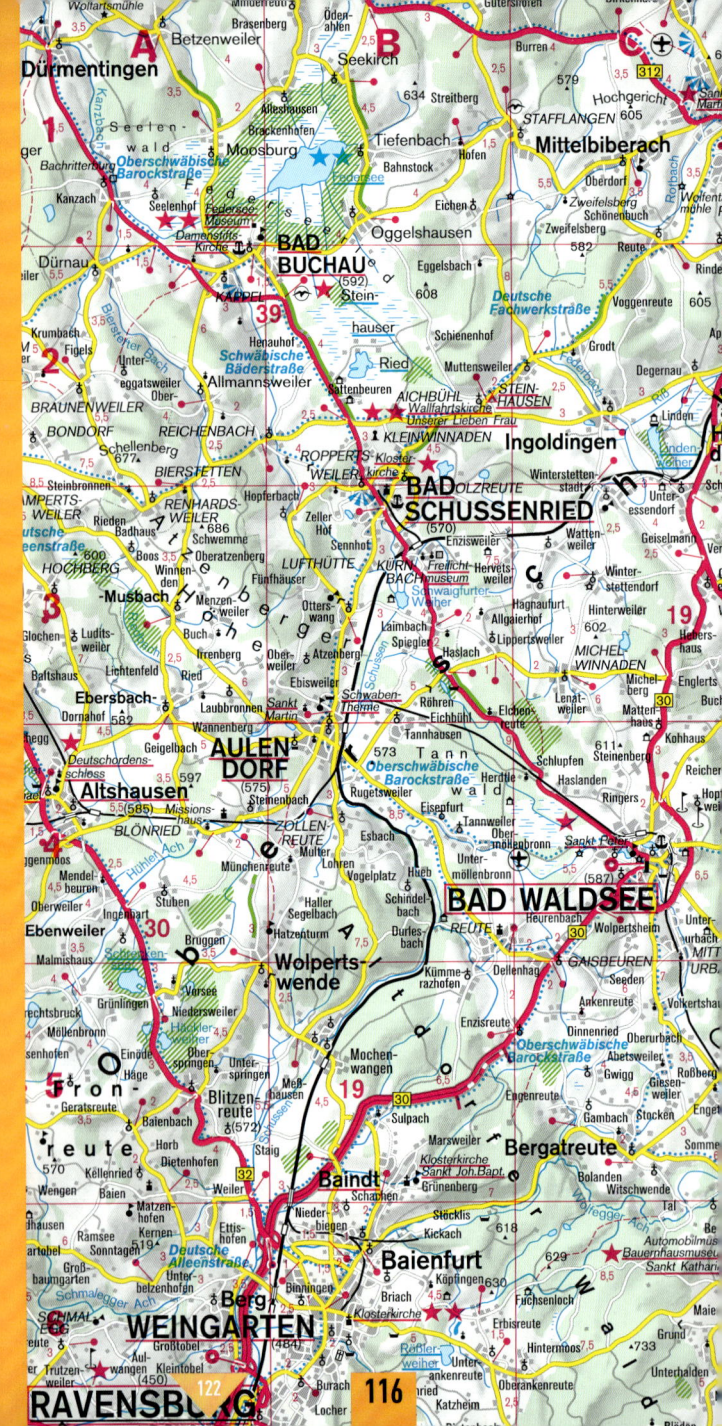

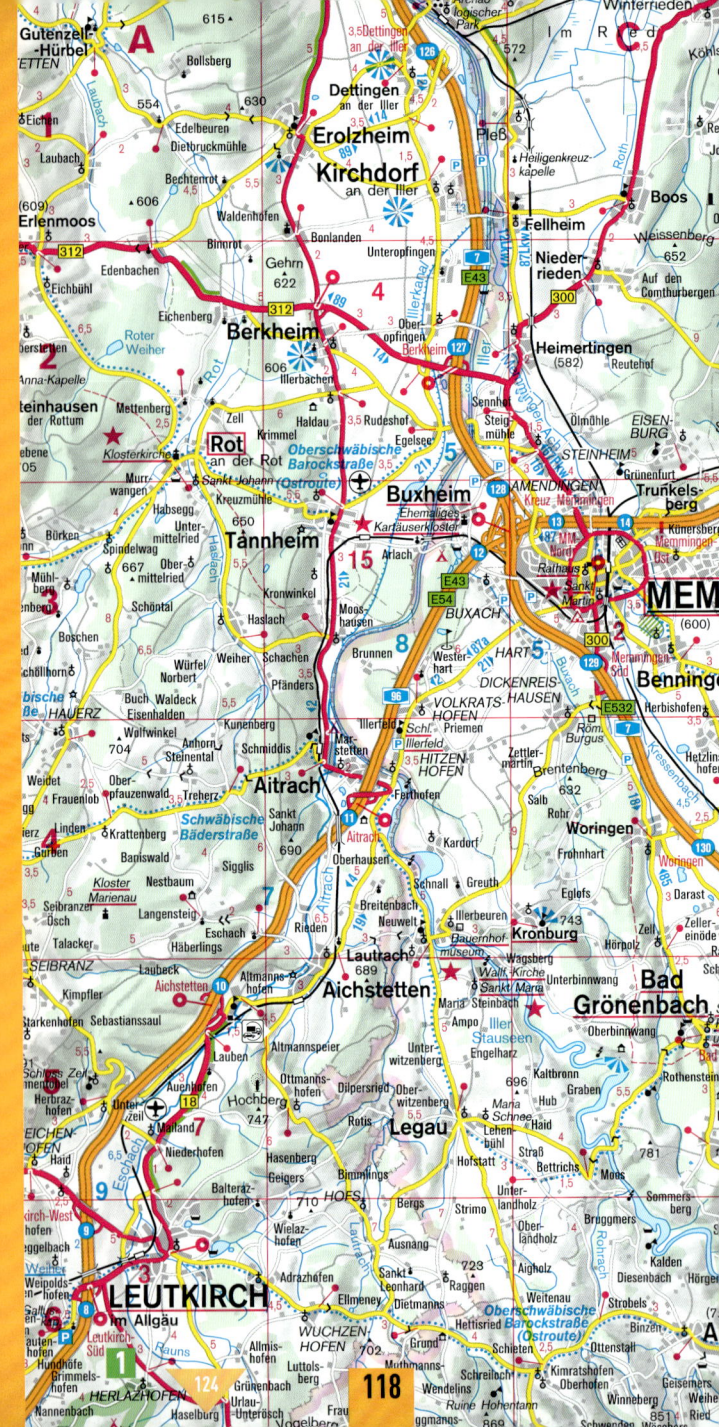

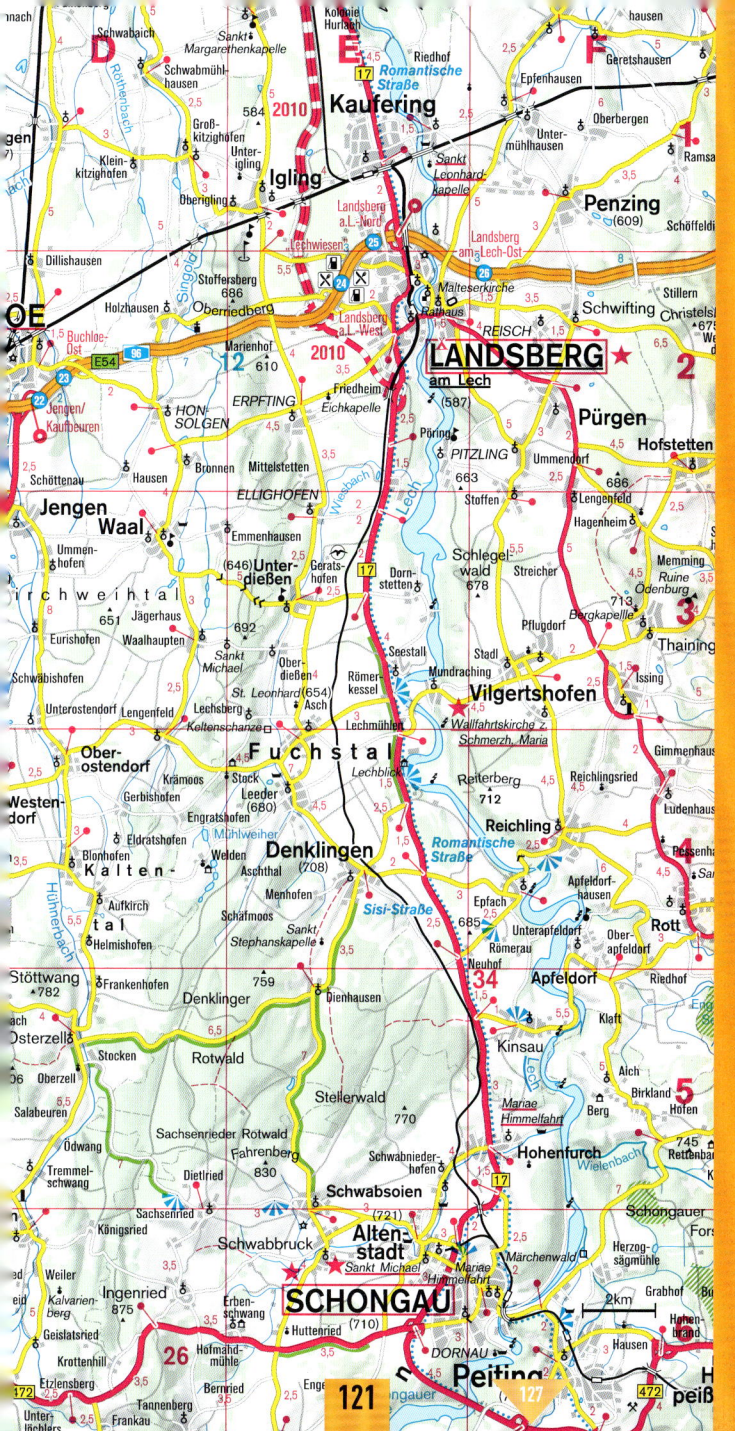

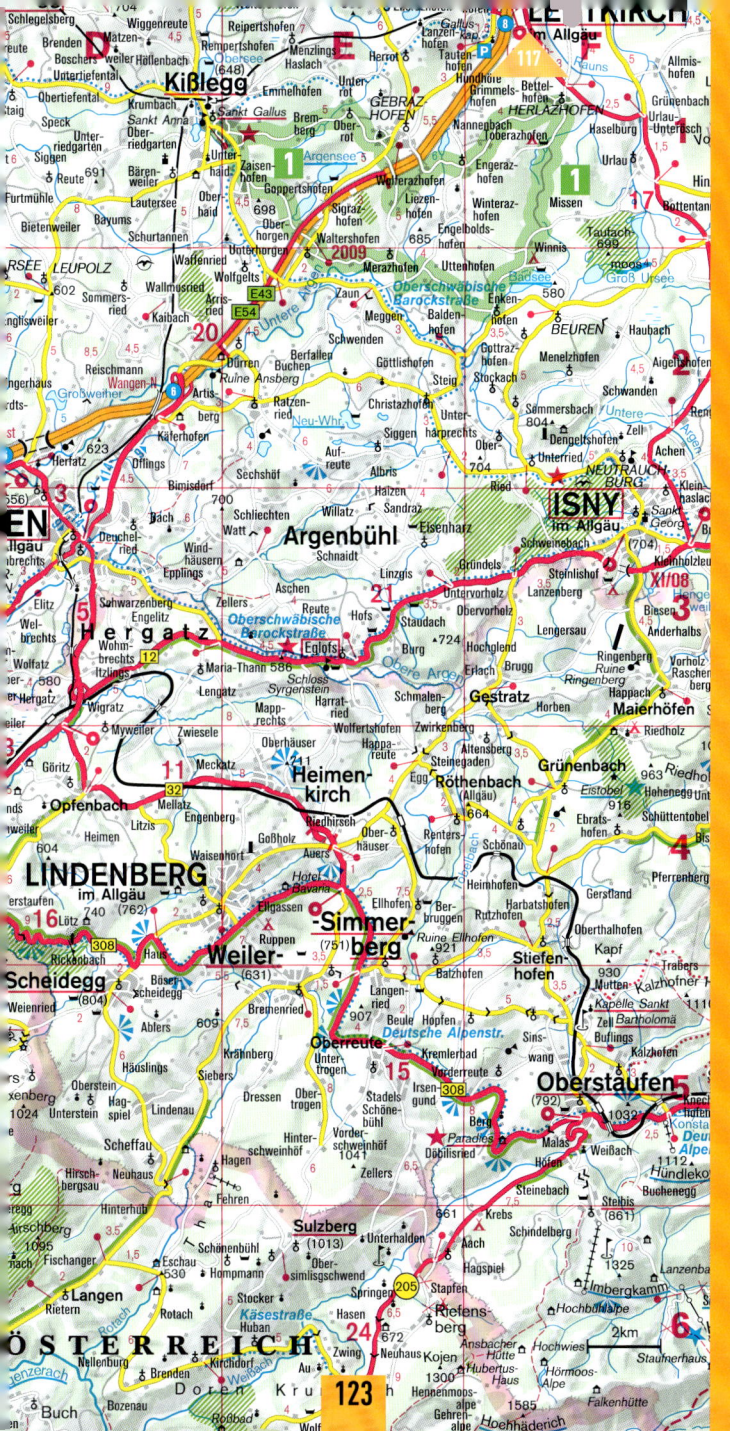

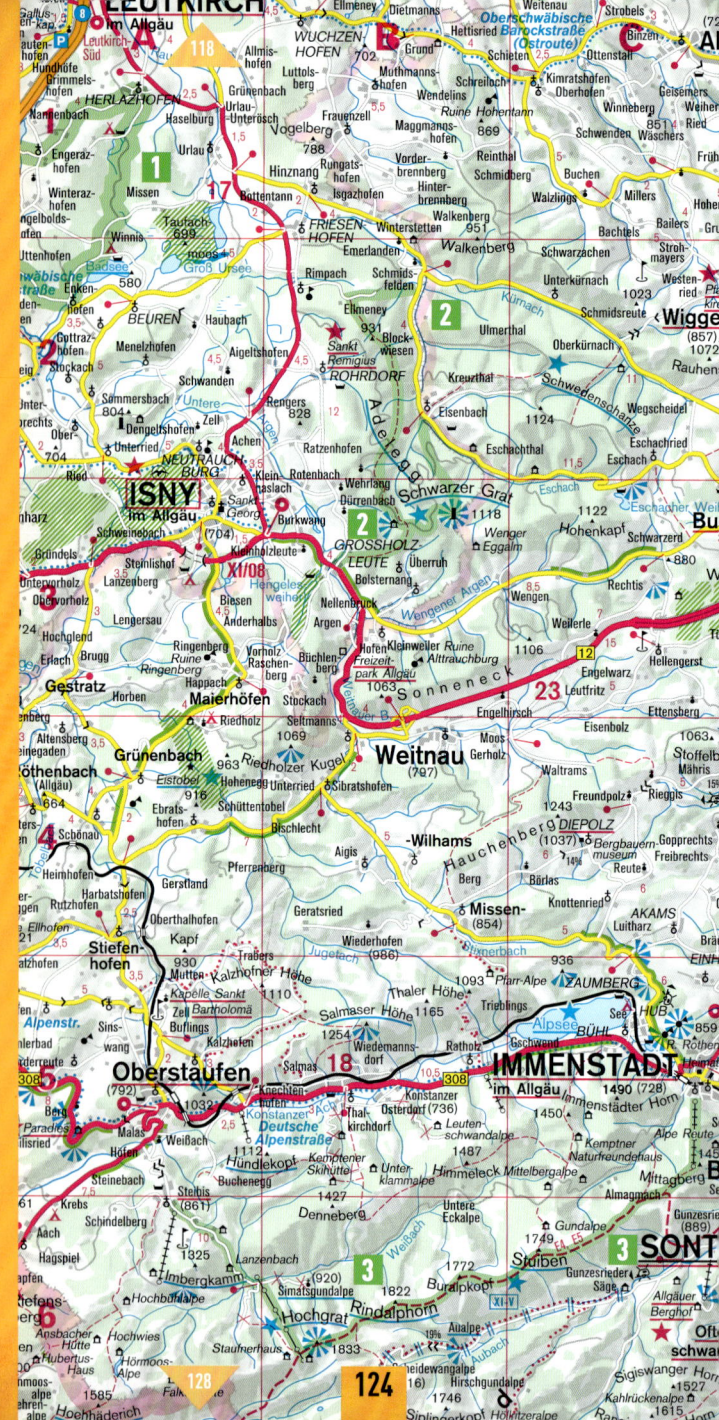

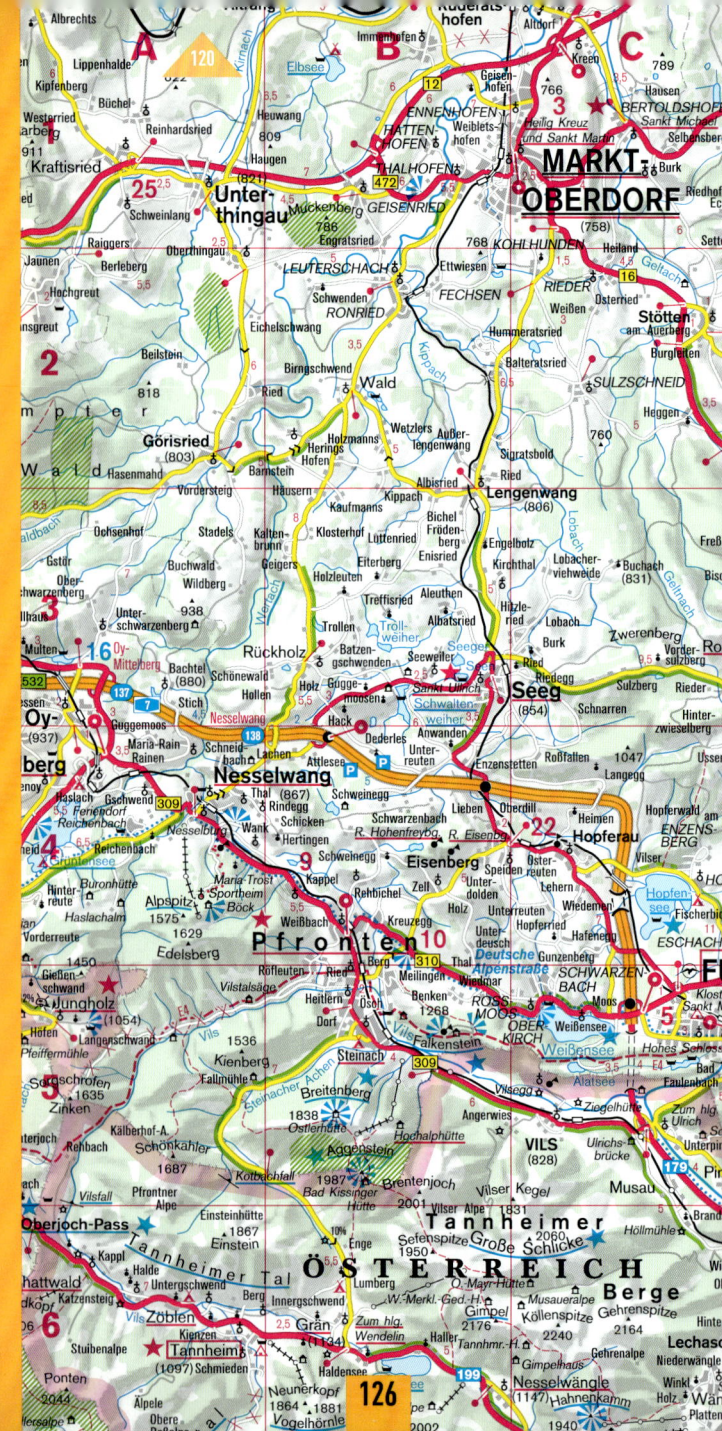

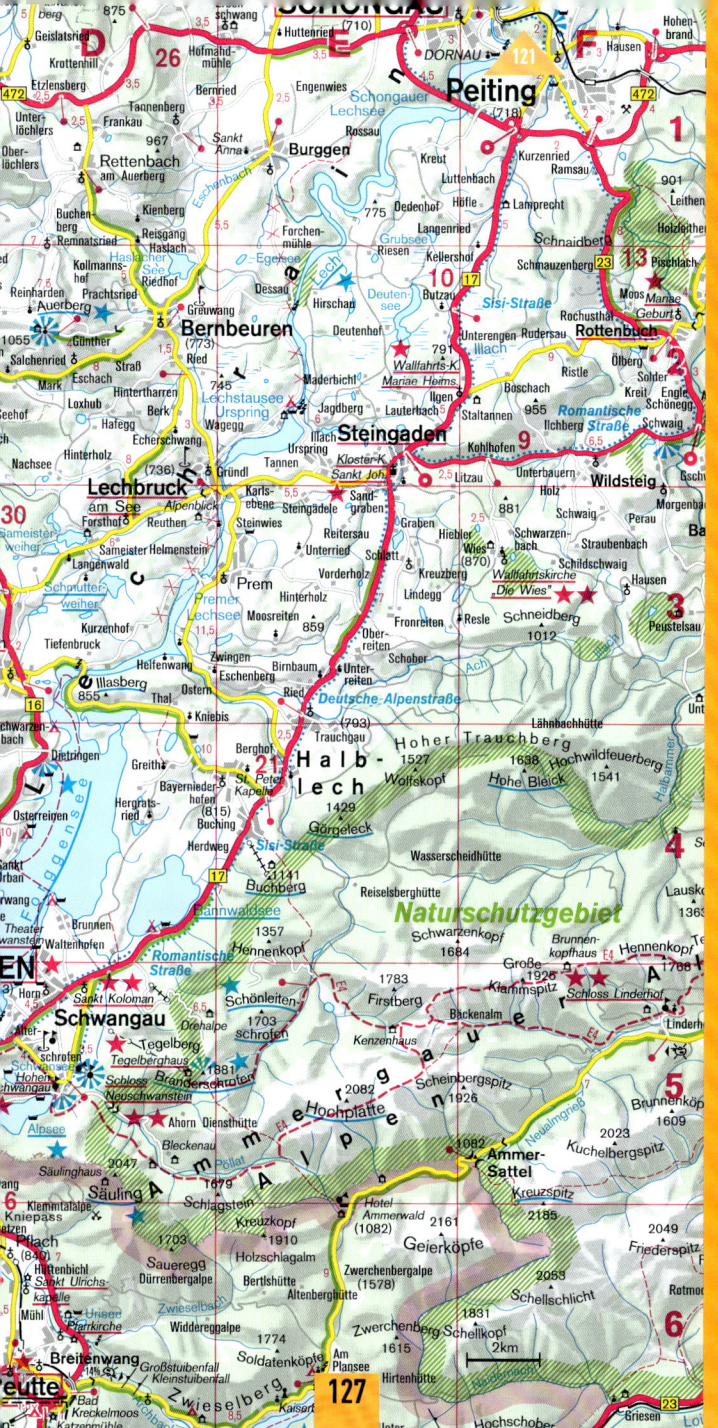

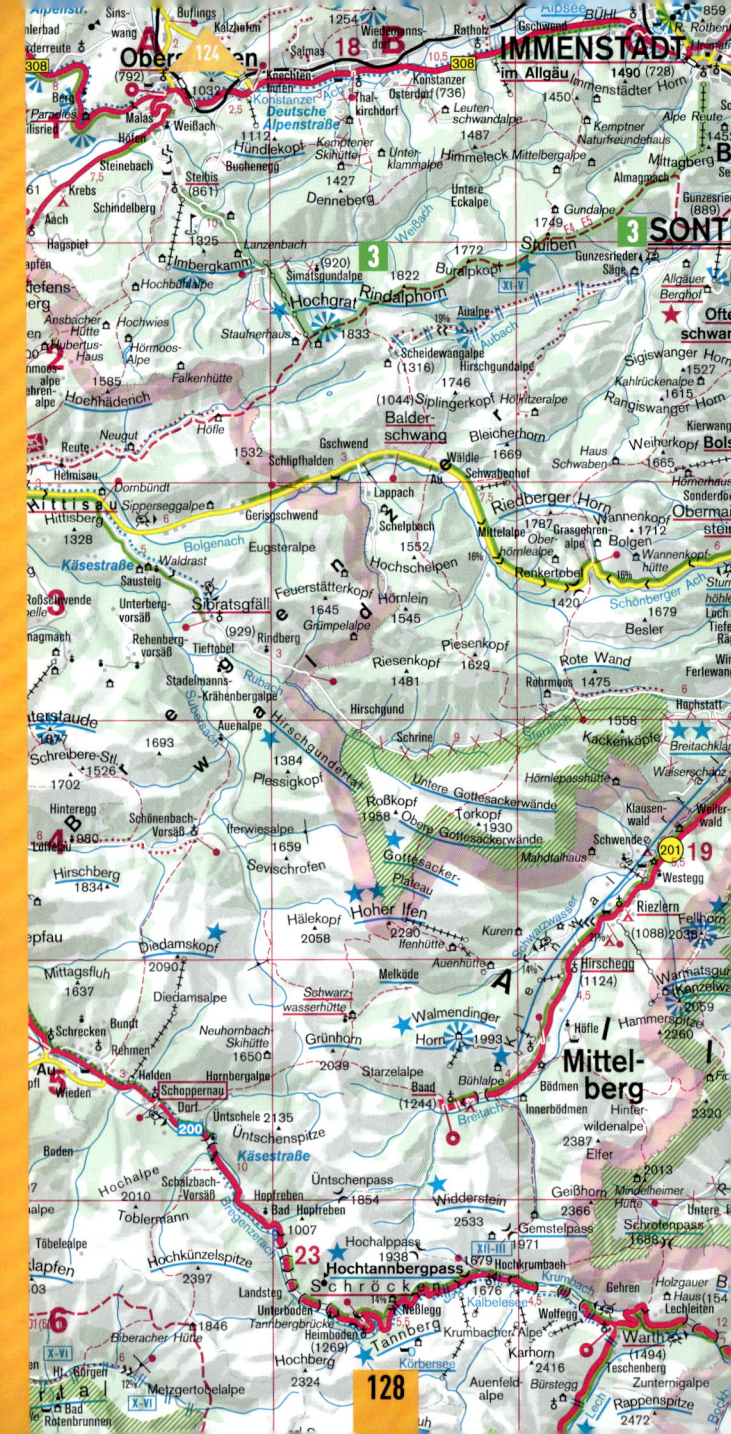

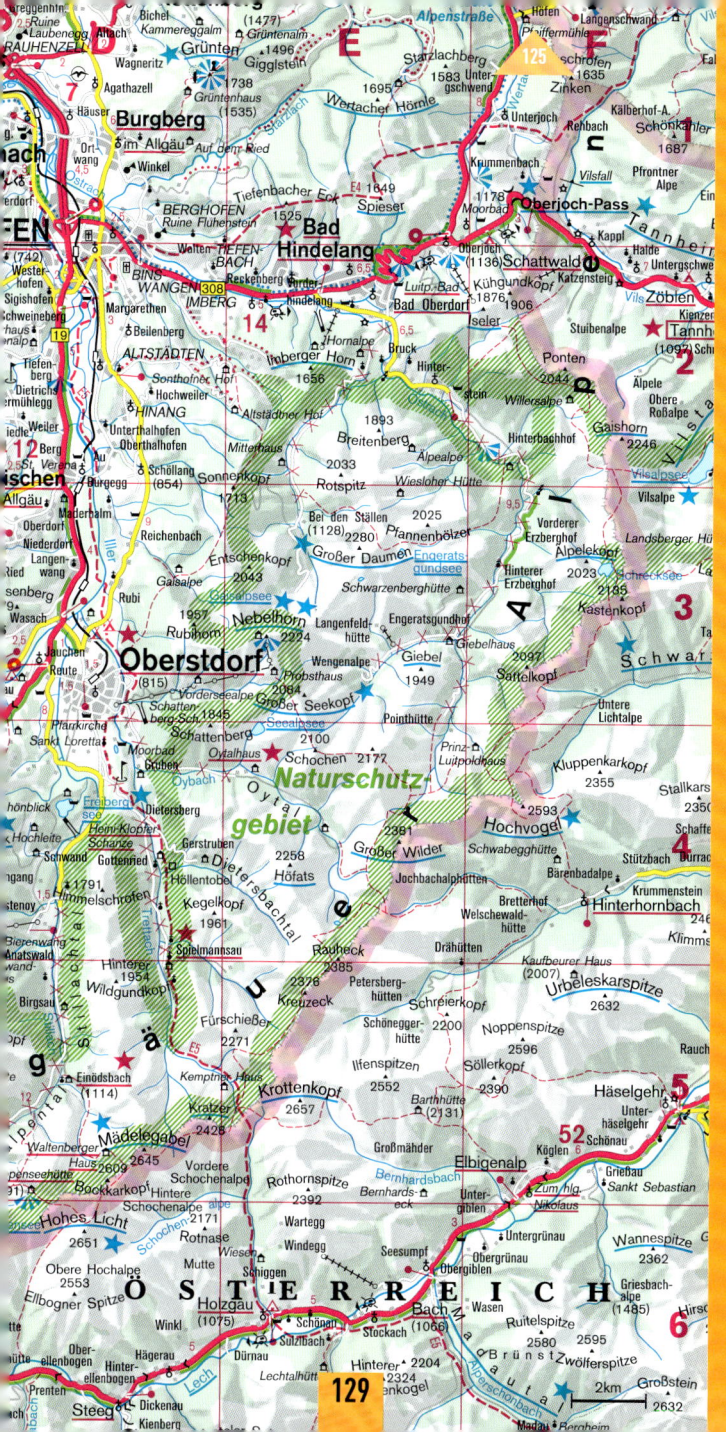

KARTENLEGENDE

Autobahn · Gebührenpflichtige Anschlussstelle · Gebührenstelle · Anschlussstelle mit Nummer · Rasthaus mit Übernachtung · Raststätte · Kleinraststätte · Tankstelle · Parkplatz mit und ohne WC	Trento	Motorway · Toll junction · Toll station · Junction with number · Motel · Restaurant · Snackbar · Filling-station · Parking place with and without WC
Autobahn in Bau und geplant mit Datum der Verkehrsübergabe	Datum / Date	Motorway under construction and projected with completion date
Zweibahnige Straße (4-spurig)		Dual carriageway (4 lanes)
Fernverkehrsstraße · Straßennummern	14 · E45	Trunk road · Road numbers
Wichtige Hauptstraße		Important main road
Hauptstraße · Tunnel · Brücke		Main road · Tunnel · Bridge
Nebenstraßen		Minor roads
Fahrweg · Fußweg		Track · Footpath
Wanderweg (Auswahl)		Tourist footpath (selection)
Eisenbahn mit Fernverkehr		Main line railway
Zahnradbahn, Standseilbahn		Rack-railway, funicular
Kabinenschwebebahn · Sessellift		Aerial cableway · Chair-lift
Autofähre		Car ferry
Personenfähre		Passenger ferry
Schifffahrtslinie		Shipping route
Naturschutzgebiet · Sperrgebiet		Nature reserve · Prohibited area
Nationalpark, Naturpark · Wald		National park, natural park · Forest
Straße für Kfz. gesperrt		Road closed to motor vehicles
Straße mit Gebühr		Toll road
Straße mit Wintersperre	XII-II	Road closed in winter
Straße für Wohnanhänger gesperrt bzw. nicht empfehlenswert		Road closed or not recommended for caravans
Touristenstraße · Pass	Weinstraße 1510	Tourist route · Pass
Schöner Ausblick · Rundblick · Landschaftlich bes. schöne Strecke		Scenic view · Panoramic view · Route with beautiful scenery
Heilbad · Schwimmbad		Spa · Swimming pool
Jugendherberge · Campingplatz		Youth hostel · Camping site
Golfplatz · Sprungschanze		Golf-course · Ski jump
Kirche im Ort, freistehend · Kapelle		Church · Chapel
Kloster · Klosterruine		Monastery · Monastery ruin
Schloss, Burg · Schloss-, Burgruine		Palace, castle · Ruin
Turm · Funk-, Fernsehturm		Tower · Radio-, TV-tower
Leuchtturm · Kraftwerk		Lighthouse · Power station
Wasserfall · Schleuse		Waterfall · Lock
Bauwerk · Marktplatz, Areal		Important building · Market place, area
Ausgrabungs- u. Ruinenstätte · Bergwerk		Arch. excavation, ruins · Mine
Dolmen · Menhir · Nuraghen		Dolmen · Menhir · Nuraghe
Hünen-, Hügelgrab · Soldatenfriedhof		Cairn · Military cemetery
Hotel, Gasthaus, Berghütte · Höhle		Hotel, inn, refuge · Cave

Kultur / Culture

Malerisches Ortsbild · Ortshöhe	**WIEN** (171)	Picturesque town · Elevation
Eine Reise wert	★★ **MILANO**	Worth a journey
Lohnt einen Umweg	★ TEMPLIN	Worth a detour
Sehenswert	Andermatt	Worth seeing

Landschaft / Landscape

Eine Reise wert	★★ Las Cañadas	Worth a journey
Lohnt einen Umweg	★ Texel	Worth a detour
Sehenswert	Dikti	Worth seeing

Ausflüge & Touren **Excursions & tours**

REGISTER

Im Register sind alle in diesem Führer erwähnten Orte und Ausflugsziele verzeichnet. Halbfette Seitenzahlen verweisen auf den Haupteintrag, kursive auf ein Foto.

IMPRESSUM

SCHREIBEN SIE UNS!

Liebe Leserin, lieber Leser,

wir setzen alles daran, Ihnen möglichst aktuelle Informationen mit auf die Reise zu geben. Dennoch schleichen sich manchmal Fehler ein – trotz gründlicher Recherche unserer Autoren/innen. Sie haben sicherlich Verständnis, dass der Verlag dafür keine Haftung übernehmen kann.

Wir freuen uns aber, wenn Sie uns schreiben.

Senden Sie Ihre Post an die MARCO POLO Redaktion, MAIRDUMONT, Postfach 31 51, 73751 Ostfildern, info@marcopolo.de

IMPRESSUM

Titelbild: Illasbergsee bei Füssen (Mauritius: Römmelt)
Fotos: Allgäu Scout: Stefan Koch (14 u.); ALPTRAUM: Annette Schädler (14 o.); Stephan Bertel (12 o.); Wolfgang Däumler (15 u.); faszinatour (100 u. r.); F. M. Frei (16/17); R. Freyer (U. M., U. r., 60, 61, 67, 73, 80/81, 84, 90/91, 114/115); Armin Gross: Albert Gross (15 M.); HB Verlag: Heimbach (U. l., 2 l., 3 M., 4 l., 5, 19, 22, 35, 41, 47, 49, 53, 58, 62, 83); Huber: Huber (8/9, 88), Mayer (102/103), Pinn (50), Schmid (3 r., 6/7, 11, 24/25, 30/31, 76/77, 105), Giovanni Simeone (18), Stadler (89); © iStockphoto.com: dwphotos (15 o.), ivanmateev (100 o. l.), naphtalina (100 M. r., 101 u. r.), ShyMan (101 M. l.), Stills (101 o. l.); Kamelfarm im Allgäu: Christine Sieber (101 M. r.); Laif: Heidorn (33), Lengler (28, 109), Standl (45, 106/107); Mauritius: Albinger (2 r.), Imagebroker.net (22/23, 28/29), Özdemir (38/39), Rathmann (27), Römmelt (1), Siepmann (68/69, 96/97); H. P. Merten (4 r.); Alexander Müller (100 M. l.); Purelements: Alexander Lenz (13 o.); Relaxhotel Nebelhorn: Steffen Barth (13 u.); Schapowalow: Atlantide (92); F. Schissler (135); M. Siepmann (20, 29, 32, 36, 54/55, 64/65, 70, 78, 86, 94/95, 99); T. Stankiewicz (3 l., 42, 75, 108); Trummer (23); VibrA School of DJing (12 u.); H. Wagner (26, 56)

2. (8.), aktualisierte Auflage 2008
© MAIRDUMONT GmbH & Co. KG, Ostfildern
Verlegerin: Stephanie Mair-Huydts; Chefredaktion: Michaela Lienemann, Marion Zorn
Autorin: Andrea Reidt; Bearbeitung: Freddy Schissler; Redaktion: Nikolai Michaelis
Programmbetreuung: Leonie Dlugosch, Nadia Al Kureischi; Bildredaktion: Gabriele Forst, Helge Rösch
Szene/24h: wunder media, München; Kartografie Reiseatlas: © MAIRDUMONT, Ostfildern
Innengestaltung: Zum goldenen Hirschen, Hamburg; Titel/S. 1–3: Factor Product, München

FÜR IHRE NÄCHSTE REISE

gibt es folgende MARCO POLO Titel:

DEUTSCHLAND
Allgäu
Amrum/Föhr
Bayerischer Wald
Berlin
Bodensee
Chiemgau/Berchtes-
gadener Land
Dresden/Sächsische
Schweiz
Düsseldorf
Eifel
Erzgebirge/Vogtland
Franken
Frankfurt
Hamburg
Harz
Heidelberg
Köln
Lausitz/Spreewald/
Zittauer Gebirge
Leipzig
Lüneburger Heide/
Wendland
Mark Brandenburg
Mecklenburgische
Seenplatte
Mosel
München
Nordseeküste
Schleswig-
Holstein
Oberbayern
Ostfriesische Inseln
Ostfriesland/
Nordseeküste
Niedersachsen/
Helgoland
Ostseeküste
Mecklenburg-
Vorpommern
Ostseeküste
Schleswig-
Holstein
Pfalz
Potsdam
Rheingau/
Wiesbaden
Rügen/Hiddensee/
Stralsund
Ruhrgebiet
Schwäbische Alb
Schwarzwald
Stuttgart
Sylt
Thüringen
Usedom
Weimar

ÖSTERREICH |
SCHWEIZ
Berner Oberland/
Bern
Kärnten
Österreich
Salzburger Land
Schweiz
Tessin
Tirol
Wien
Zürich

FRANKREICH
Bretagne
Burgund
Côte d'Azur/
Monaco
Elsass
Frankreich
Französische
Atlantikküste
Korsika
Languedoc-
Roussillon
Loire-Tal
Normandie
Paris
Provence

ITALIEN | MALTA
Apulien
Capri
Dolomiten
Elba/Toskanischer
Archipel
Emilia-Romagna
Florenz
Gardasee
Golf von Neapel
Ischia
Italien
Italienische Adria
Italien Nord
Italien Süd
Kalabrien
Ligurien/
Cinque Terre
Mailand/Lombardei
Malta/Gozo
Oberital. Seen
Piemont/Turin
Rom
Sardinien
Sizilien/
Liparische Inseln
Südtirol
Toskana
Umbrien
Venedig
Venetien/Friaul

SPANIEN |
PORTUGAL
Algarve
Andalusien
Barcelona
Baskenland/Bilbao
Costa Blanca
Costa Brava
Costa del Sol/
Granada
Fuerteventura
Gran Canaria
Ibiza/Formentera
Jakobsweg/Spanien
La Gomera/El Hierro
Lanzarote
La Palma
Lissabon
Madeira
Madrid
Mallorca
Menorca
Portugal
Spanien
Teneriffa

NORDEUROPA
Bornholm
Dänemark
Finnland
Island
Kopenhagen
Norwegen
Schweden
Südschweden/
Stockholm

WESTEUROPA |
BENELUX
Amsterdam
Brüssel
Dublin
England
Flandern
Irland
Kanalinseln
London
Luxemburg
Niederlande
Niederländische
Küste
Schottland
Südengland

OSTEUROPA
Baltikum
Budapest
Estland
Kaliningrader
Gebiet
Lettland
Litauen/Kurische
Nehrung
Masurische Seen
Moskau
Plattensee
Polen
Polnische Ostsee-
küste/Danzig
Prag
Riesengebirge
Russland
Slowakei
St. Petersburg
Tschechien
Ungarn
Warschau

SÜDOSTEUROPA
Bulgarien
Bulgarische
Schwarzmeerküste
Kroatische Küste/
Dalmatien
Kroatische Küste/
Istrien/Kvarner
Montenegro
Rumänien
Slowenien

GRIECHENLAND |
TÜRKEI | ZYPERN
Athen
Chalkidiki
Griechenland
Festland
Griechische
Inseln/Ägäis
Istanbul
Korfu
Kos
Kreta
Peloponnes
Rhodos
Samos
Santorin
Türkei
Türkische Südküste
Türkische Westküste
Zakinthos
Zypern

NORDAMERIKA
Alaska
Chicago und
die Großen Seen
Florida
Hawaii
Kalifornien
Kanada
Kanada Ost
Kanada West
Las Vegas
Los Angeles
New York
San Francisco
USA
USA Neuengland/
Long Island
USA Ost
USA Südstaaten/
New Orleans
USA Südwest
USA West
Washington D.C.

MITTEL- UND
SÜDAMERIKA
Argentinien
Brasilien
Chile
Costa Rica
Dominikanische
Republik
Jamaika
Karibik/
Große Antillen
Karibik/
Kleine Antillen
Kuba
Mexiko
Peru/Bolivien
Venezuela
Yucatán

AFRIKA |
VORDERER
ORIENT
Agypten
Djerba/
Südtunesien
Dubai/Vereinigte
Arabische Emirate
Israel
Jerusalem
Jordanien
Kapstadt/
Wine Lands/
Garden Route
Kenia
Marokko
Namibia
Qatar/Bahrain/
Kuwait
Rotes Meer/Sinai
Südafrika
Tunesien

ASIEN
Bali/Lombok
Bangkok
China
Hongkong/
Macau
Indien
Japan
Ko Samui/
Ko Phangan
Malaysia
Nepal
Peking
Philippinen
Phuket
Rajasthan
Shanghai
Singapur
Sri Lanka
Thailand
Tokio
Vietnam

INDISCHER
OZEAN |
PAZIFIK
Australien
Malediven
Mauritius
Neuseeland
Seychellen
Südsee

Freddy Schissler, gebürtiger Frankfurter und aufgewachsen im Schwarzwald, lebt seit 1987 im Allgäu, erst in Memmingen, heute in Kempten.

Wieso leben Sie im Allgäu?

Zunächst hat es mich aus beruflichen Gründen hierher verschlagen: Ich habe ein Volontariat bei der Augsburger Allgemeinen/Allgäuer Zeitung bekommen. Nach der Ausbildung konnte ich in Memmingen als Redakteur arbeiten. Was aber noch wichtiger war: Meine Freundin, eine Stuttgarterin, versicherte mir: „Ich komme auch ins Allgäu."

Was reizt Sie am Allgäu?

Die Vielfalt. Einerseits kann man in Kaufbeuren, Kempten oder Memmingen städtische Atmosphäre genießen, andererseits findet man an vielen Orten eine intakte Landschaft. Das Sport- und Freizeitangebot ist riesig und attraktiv.

Und was mögen Sie am Allgäu nicht so?

Verregnete Sonntage und kühle Temperaturen.

Wo und wie leben Sie genau?

Meine Frau, mein Sohn und ich wohnen am Stadtrand von Kempten in einem Haus mit Garten. Wir genießen tagtäglich die Ruhe abseits verkehrsreicher Straßen. Mein kleiner Sohn tritt vor die Haustür und trifft auf einer Spielstraße oder im nahen Wald viele Freunde. Mit dem Rad bin ich in 20 Minuten im Zentrum und finde zahlreiche Restaurants und Bars, Konzerthallen und ein gut bespieltes Theater.

Was machen Sie beruflich?

Ich habe lange die Kulturredaktion der Allgäuer Zeitung geleitet und arbeite nun als freier Journalist und Buchautor und schreibe Reportagen, Porträts und Glossen für verschiedene Zeitungen und Zeitschriften.

Was tun Sie in Ihrer Freizeit?

Die Musik hat es mir angetan. Ich spiele Klavier – unter anderem in einer vierköpfigen Band, die mich bei meinen Lesungen mit Stücken von Norah Jones oder Katie Malua musikalisch unterstützt.

Mögen Sie die Allgäuer Küche? Ihr Lieblingsgericht?

Was ich sehr schätze, sind die zahlreichen Bauern, bei denen man direkt am Hof Wurst oder Käse kaufen kann. Und natürlich Kässpatzen, am liebsten mit knusprigen Zwiebeln obendrauf!

Können Sie sich vorstellen, wieder wegzuziehen, oder sind Sie „verdorben"?

Vorstellen kann ich mir prinzipiell vieles. Die Argumente müssten aber schon sehr gewichtig sein, um das Allgäu als Lebensraum zu schlagen.

> BLOSS NICHT!

Lawinen- und Gewittergefahr unterschätzen

Bis zu 200 Menschen jährlich bezahlen ihren Bergspaß mit dem Lawinentod. Deshalb gilt für alle Bergsteiger, Ski- und Snowboardfahrer, die sich jenseits gesicherter Pisten bewegen und auf Tiefschneeabfahrten nicht verzichten wollen: Folgen Sie den Anweisungen und dem Rat erfahrener Führer und Bergretter. Rufen Sie vor dem Start die aktuellen Wetterberichte ab, und seien Sie im Zweifel lieber vorsichtig als leichtsinnig. Nur Fachleute kennen sich mit Schneebrettlawinen aus, können die reale Lawinengefahr neuschnee- und windabhängig richtig beurteilen. Selbstverständlich sollten Sie Absperrungen nicht missachten und im Sommer Gewitterrisiken bei der Tourenplanung beherzigen.

Essen in den Biergarten mitbringen

Das Allgäu hat viele Vorteile im Vergleich zur Landeshauptstadt München. In einem Punkt aber hat München die Nase vorn: bei den Biergärten. Denn im Gegensatz zu München zeigt man in den meisten Allgäuer Biergärten jenen Gästen die rote Karte, die dort die eigene Brotzeit auspacken.

Falsche Schuhe

Kennen Sie OSG? Das ist das Funkkürzel der Bergwacht für „Verletzung im oberen Sprunggelenk". Diese wird meist durch falsches Schuhwerk ausgelöst.

„Falsch" ist dieses, wenn es nicht über die Knöchel reicht. Dass Turnschuhe und Sandalen diesen Test nicht bestehen, dürfte klar sein. Dazu kommt, dass die Füße selbst ohne Verletzung sehr bald schmerzen, wenn sie auf dünnen Sohlen steinige Wege gehen müssen.

Spontaner Extremsport

Wer Gletschertouren, Eisfallklettern oder ähnliche Abenteuer in den Bergen vorhat, sollte zuvor einen Kurs besuchen. Man lernt dort, die eigene Kondition besser einzuschätzen und sich nicht zu übernehmen.

Das Grüßen vergessen

Tragen Sie den ländlichen Gepflogenheiten Rechnung, und grüßen Sie Passanten auf Wanderwegen und auf einsamen Dorfstraßen mit einem freundlichen „Grüß Gott!". Dasselbe gilt für Bedienungen in Läden und Cafés. Beim Abschied hört man in den westlichen Allgäuregionen „Ade", im bayrischen Gebiet eher „Pfüa-Gott" oder freundschaftlich „Pfüatdi".

Lärmen im Gebirge

Für die meisten Alpentiere bedeutet der Tourismus eine größere Lebensgefahr als der härteste Winter. Nicht nur Landschaftsveränderungen, sondern auch Lärmbelästigung bedrohen den Fortbestand ihres Lebensraums erheblich. Deshalb gilt für alle Naturfreunde: je höher hinaus, desto leiser.